U0452999

智库丛书
Think Tank Series

| 世界经济与政治智库论丛(2021) |

中国社会科学院世界经济与政治研究所
中国社会科学院国家全球战略智库

# 世界变迁与中国发展

WORLD EVOLUTION
AND CHINA'S DEVELOPMENT

邹治波　赵远良 主　编
邵　峰　张　淼 副主编

中国社会科学出版社

图书在版编目（CIP）数据

世界变迁与中国发展/邹治波，赵远良主编.—北京：
中国社会科学出版社，2022.1
（世界经济与政治智库论丛）
ISBN 978-7-5203-9400-0

Ⅰ.①世⋯　Ⅱ.①邹⋯②赵⋯　Ⅲ.①世界经济形势—研究②国际政治—研究③中国经济—经济发展—研究　Ⅳ.①F113.4②D50③F124

中国版本图书馆 CIP 数据核字（2021）第 256879 号

| | |
|---|---|
| 出 版 人 | 赵剑英 |
| 责任编辑 | 范晨星 |
| 责任校对 | 周　昊 |
| 责任印制 | 王　超 |

| | |
|---|---|
| 出　　版 | 中国社会科学出版社 |
| 社　　址 | 北京鼓楼西大街甲 158 号 |
| 邮　　编 | 100720 |
| 网　　址 | http://www.csspw.cn |
| 发 行 部 | 010-84083685 |
| 门 市 部 | 010-84029450 |
| 经　　销 | 新华书店及其他书店 |
| 印　　刷 | 北京明恒达印务有限公司 |
| 装　　订 | 廊坊市广阳区广增装订厂 |
| 版　　次 | 2022 年 1 月第 1 版 |
| 印　　次 | 2022 年 1 月第 1 次印刷 |
| 开　　本 | 710×1000　1/16 |
| 印　　张 | 13.5 |
| 插　　页 | 2 |
| 字　　数 | 181 千字 |
| 定　　价 | 75.00 元 |

凡购买中国社会科学出版社图书，如有质量问题请与本社营销中心联系调换
电话：010-84083683
版权所有　侵权必究

# 序言　世界变迁与中国发展

在2020年，突如其来的新冠肺炎疫情给全球经济与国际政治带来了前所未有的冲击，也加速了世界"百年未有之大变局"的演变。2020年是人类历史进程中具有分水岭意义的一年。新冠肺炎疫情的蔓延不仅对人类的健康构成影响，也对世界经济、国际政治造成了严重的冲击和影响。联合国在政治上把新冠肺炎疫情定性为自第二次世界大战以来最为严重的国际危机；世界卫生组织将其称为人类历史上最为严重的公共卫生危机之一；国际货币基金组织评估后则认为，2020年疫情导致的"大隔离"会引发自1929年世界经济大萧条以来最严重的经济衰退，其影响也将超过2008年的国际金融危机。

面对新冠肺炎疫情的肆虐，世界各国的应对措施和防治力度却不尽相同。在以美国为代表的一些西方国家中，由于民粹主义、狭隘的民族主义、种族主义、保护主义的兴起以及反智思潮的泛滥，新冠肺炎疫情不仅没有在其国内得到有效控制，反而不断蔓延和加剧。例如，美国作为全球最大的经济体和全球卫生医疗资源最为丰富的国家，特朗普政府却以政治私利为上，不惜淡化疫情，将科学问题政治化，甚至"甩锅"他国，这种不负责任且漠视生命的做法，造成了严重后果：美国成了感染人数和死亡人数最多的国家，疫情给美国人民的生命和健康带来严重伤害。随着疫情的进一步演进，美国国内社会日益陷入分裂与动荡的状态。

反观中国的疫情防控，在以习近平同志为核心的党中央坚强领导下，中国上下打响了疫情防控的人民战争，展示了中华民族"一方有难、八方支援"的强大向心力和凝聚力，彰显了"中国之治"的显著优势。在过去的2020年，中国的疫情防控阻击战取得重大成果，交出了经得起时间和历史检验的抗疫答卷。在疫情防控战中，我们始终把人民群众生命安全和身体健康放在第一位，充分彰显了"生命至上、人民至上"理念，体现了中国特色社会主义制度的优越性。

应对新冠肺炎疫情，我们除了在科学上采取了积极主动的防控措施外，还迅速加大了在疫苗、药物和快速检测技术研发等方面的投入。在2020年5月，全球共有10款候选新冠病毒疫苗进入临床试验阶段，而其中的5款疫苗则由中国团队研发。在2020年12月，中国的新冠病毒疫苗获批准成功上市，中国宣布疫苗为全球公共产品，为实现疫苗在发展中国家的可及性和可负担性作出中国贡献，这为全球战胜疫情增强了信心。

应对新冠肺炎疫情，我们在经济发展方面变压力为动力，化危机为机遇。随着疫情的好转，我们逐渐有序恢复了生产、生活秩序，积极统筹疫情防控和复工复产，加大了宏观政策调节力度，以充分释放中国发展的巨大潜力和强大动能。此外，中国政府适时提出了深化供给侧结构性改革，充分发挥中国超大规模市场优势和内需潜力，构建国内国际双循环相互促进的新发展格局。面对2020年新冠肺炎疫情等挑战，中国经济和社会发展取得了来之不易的成绩。根据国家统计局公布《2020年国民经济和社会发展统计公报》，中国经济总量突破百万亿大关，迈上新台阶；"六稳""六保"落实有效，稳住了经济基本盘；三大攻坚战取得决定性成就；创新投入大幅增加，科技实力显著增强，激发了发展潜能；开放水平不断提高，外资、外贸表现亮眼；民生保障力度加大，人民生活水平稳步提升。

应对新冠肺炎疫情，中国在国际合作方面积极开展新冠疫苗国际合作，但从不谋求任何地缘政治目标，从不盘算获取任何经济利益，也从不附加任何政治条件。在围绕全球疫情联防联控、疫苗供应、疫后世界的经济复苏、各国实现包容发展和完善全球治理架构等重大议题方面，中国积极与世界各国无私分享了中国方案和中国智慧。例如，中国率先加入了世界卫生组织"全球合作加速开发、生产、公平获取新冠肺炎防控新工具"倡议，积极同全球10多个国家开展疫苗研发合作，加入并支持"新冠疫苗实施计划"，以实际行动促进疫苗公平分配。中方也将继续同各方共同努力，让中国疫苗成为全球公共产品，积极支援发展中国家。目前，中国已向超过60多个国家提供了新冠疫苗，以推动构建人类卫生健康共同体，夺取全球抗击疫情的最终胜利。

作为世界经济与政治研究领域的重要智库类刊物，《世界经济调研》编辑部在过去的一年中紧扣国际政治与经济形势的变化及热点，积极进行选题策划、精心组稿，刊发了数十篇理论性与对策性文章，旨在发挥智库类刊物的建言献策作用，服务相关决策机构。

此外，《世界经济调研》编辑部还积极与中国社会科学出版社开展合作，在刊物调研报告的基础上，结集出版"世界经济与政治智库论丛"系列丛书，力图将该丛书打造成一个链接学术研究和决策参考的共享平台，也为广大读者提供一个了解智库研究的窗口。编辑部分别在2017年、2018年、2019年、2020年相继推出了《国际体系变迁与中国战略选择》《全球治理与中国方略》《世界变局与中国应对》《世界秩序与中国方位》这四本智库图书，在学术界和读者中引起了积极反响。2021年，我们再接再厉，经过精心梳理、合理归类与重新编排，推出了这本"世界经济与政治智库论丛"系列之《世界变迁与中国发展》。本书共设置四个主要议题，分别是：中国经济与双循环、新冠肺炎疫情与应对、区域合作与对策以及国际政治博弈与策略。

本书各篇报告的作者都是世界经济与国际政治研究领域的资深专家学者，分别来自国务院发展研究中心、国务院国资委研究中心、中共中央对外联络部、中共中央党校、中国社会科学院、商务部国际贸易经济合作研究院、北京大学、清华大学、中国人民大学、同济大学、南开大学、天津大学、中央财经大学、对外经济贸易大学、中国农业大学、国防科技大学、国际关系学院、北京第二外国语学院、上海对外经贸大学、长江产业经济研究院、上海国际问题研究院、中国科学技术发展战略研究院等有关单位、高校和智库研究机构。

构建双循环新发展格局是中国在新形势下提出的新的发展思路。2020年以来，面对严峻的外部环境，党中央提出"逐步形成以国内大循环为主体、国内国际双循环相互促进的新发展格局"。要形成国内国际双循环的新发展格局，这就对科技创新提出了新要求，要以强化科技创新能力为突破口，打通双循环中的各种堵点。为此，中国应加快培育并完善高新技术产业链和供应链；加强国际规则合作推进数字经济发展；致力农业科技创新，打造现代农业4.0版；夯实粮食安全，支持大型粮食企业"走出去"，积极开拓国际粮食贸易；将国内产业升级与全球产业格局调整结合起来，在全球范围内配置资源，促进国际经济大循环。

2020年新冠肺炎疫情的暴发对世界政治与国际格局及中国的战略环境产生了深刻影响，从外部冲击着处于危机、萧条和动荡边缘的全球经济与政治。疫情冲击加剧了金融系统的脆弱性，凸显了全球生产网络的风险性，还显示出国际科技合作的重要性，也引发了对非传统安全问题生物技术安全威胁的关注。这次疫情使人们认识到一个强有力的公共卫生保障体系存在的重要性。从短期看，疫情全球大流行势必对中国企业对外投资产生负向冲击；从中长期看，后疫情时期各国面临巨大的资本缺口和就业压力，招商引资力度会不断加大，这为中国企业"走出去"提供了巨大商机。此外，还应加强生物安全学科建设，建立生物安全预警系统，推进生物安全科技支撑能力建设；要以我为主加大中长期投入，以医疗卫生领域为突破口，推进全球科技合作更深入的发展。

为有效应对美国对华政策和中美关系发展的不确定性，日益拓展的地区制度框架在相关国家的互动关系中扮演着重要角色。中国正日益成为亚太地区乃至全球供应链的中心，并在"一带一路"倡议下扩展全球供应链的发展格局。"一带一路"倡议提出以来，框架内的各类合作机制和平台不断涌现，200多份政府间双多边合作文件已完成签署。倡导经济全球化的中国与合作伙伴国不断努力开拓新的世界市场和供应链体系，以此扩大供给并加深产能合作。在"海洋命运共同体"构建方面，今后中国海外港口合作宜着重深化援建港口项目的港城合作。中国工业互联网正在加快发展步伐，应充分依托工业互联网平台开展国际交流与合作。应积极推进国际货币体系多元化格局建设，加快推进人民币国际化进程。

统观当前国际政治经济格局，疫情在全球范围的持续蔓延使国际合作陷入低迷状态。中美关系仍是21世纪最重要的双边关系，其走向也深刻影响着国际政治经济格局的变迁。美国印太战略的推出加剧了西太平洋地区局势的总体紧张，对地区安全形势及中国国家安全构成突出的挑战。此外，世界经济增长正处于新旧动能转换的关键时期，中美等各主要国家都在推进以科技创新为核心的结构性改革。中国创新驱动发展战略稳步实施，科技创新能力显著提升，对经济增长的支撑引领作用也日益突出。在国际格局调整的背景下，金融成为中美竞争的另一个关键领域，中美金融竞争的态势渐强。拜登政府的上台也为中美关系的未来带来新的不确定性，中国需认清拜登政府的世界经济观与国际经济政策的两面性，为寻求扩大合作、管控恶性竞争提供思路和方案。

前文主要介绍了辑成此书的来龙去脉、主要议题设置以及具体内容简介等，旨在能为大家提供一个导读的指引。我们希望该书能为广大读者朋友提供一扇了解智库研究成果的窗口，引发大家对"世界变迁与中国发展"这一议题进行思考和分析，厘清世界发展的大趋势，在中华民族伟大复兴进程中增强自己的道路自信、理论自信、制度自信和文化自信。

与此同时，我们也希望广大读者朋友能继续提出宝贵的批评意见，促使我们进一步提高编辑和策划水平，做好"世界经济与政治智库论丛"的出版工作。

# 目 录

## 中国经济与双循环

中国经济如何实现自身的潜在增长率？ ………… 蔡　昉　3
切实维护中国产业链和供应链安全 ………… 郑东华　14
以改革促产业发展　打造现代农业4.0版 ………… 张红宇　20
构建包容数字经济发展的治理新格局 ………… 马　源　26
用好国内超大规模市场　促进中国经济转型升级 ………… 刘志彪　33
双循环对科技创新生态的要求与对策 ………… 任声策　39
夯实中国粮食安全保障的对策 ………… 卢　锋　45
后疫情时代中国产业高质量发展的路径选择 ………… 魏际刚　52
高度关注新形势下中国粮食安全问题 ………… 孔　锋　60

## 新冠肺炎疫情与应对

新冠肺炎疫情肆虐的国际影响与中国应对 ………… 林利民　69
新冠肺炎疫情下的世界变局及中国抉择 ………… 白云真　75
新冠肺炎疫情与资本主义的未来 ………… 朱安东　孙洁民　81
中国应对前沿生物技术安全威胁的对策 ………… 薛　杨　87
建立和完善生物安全防护体系的几点建议 ………… 吴莼思　93
中企"走出去"与海外疫情蔓延之应对 …… 刘　斌　王　颖　99

新冠肺炎疫情对中国国际科技合作的

  影响及对策 …………… 董维佳 姚 曦 赵 海 105

## 区域合作与对策

新时期"一带一路"合作体系建设的路径选择 …… 林永亮 113
港城一体化是构建"海洋命运共同体"的

  重要支点 ……………………………… 王志芳 119
逆全球化对全球供应链的影响及应对 ………… 马 涛 125
依托地区制度框架推动中日合作 ……………… 马荣久 131
工业互联网发展的中国对策 ………… 杜传忠 金文瀚 137
中国与 SWIFT 脱钩问题的法律分析与

  应对 ……………………………… 石佳友 刘连炻 143
建设印度洋蓝色经济通道的挑战与

  应对 ……………………………… 王瑞领 赵远良 149
中国制造业外移需重视工序细分问题 ………… 潘圆圆 155

## 国际政治博弈与策略

新冠肺炎疫情影响下的资本主义国家政党

  政治新变化 ……………………………… 石晓虎 163
印太战略对中国的挑战与应对 ………………… 陈积敏 169
中美科技创新政策对经济增长影响的比较 …… 丁明磊 175
美国西太平洋地缘战略的调整及中国应对 …… 葛汉文 182
中美金融竞争的审慎性差别管控策略 ………… 张发林 188
新冠肺炎疫情下的政治思潮 …………………… 田 旭 194
拜登的世界经济观与美国对华经贸政策 ……… 赵 海 200

中国经济与双循环

# 中国经济如何实现自身的潜在增长率?

**本文要点:**习近平总书记在主持召开企业家座谈会的重要讲话中强调,要逐步形成以国内大循环为主体、国内国际双循环相互促进的新发展格局。构建新发展格局意味着中国经济在内需或外需问题上如何体现出中国未来发展的新方式和新格局。探讨好这个问题,对于保持中国未来发展的长期向好趋势至关重要。

## 一 "长期停滞"定义世界经济,也是中国经济增长的外部环境

首先来看中国经济当前面临着怎样的外部环境,即世界经济走势、全球化趋势、新冠肺炎疫情之后各国发展动态,以及全球产业链和供应链如何变化。关于"长期停滞"这个概念,大多数经济学家都承认,**长期停滞是世界经济的一个新常态**。我们以前没有太过重视它,现在应重新关注,必须了解这个新常态,有助于理解自己所处的新的国际经济环境。

在2019年《财经》年会上,美联储前主席格林斯潘有一个视频演讲,引起大家关注。在这个演讲中,格林斯潘提到了全球经济的长期停滞,提出这个问题很重要。他把全球停滞的问题根源归结为全球性的老龄化趋势,讲的也是对的。作为具体的原因和解决手段,即为什么会有长期停滞,如何能够阻止它,格林斯潘认为问题出在社会福利支出太多,造成对储蓄的挤压,进而导致投资不足,最终是生产率不能提高。他还讲到中国的老龄化,暗示中国同样面临着社会福利支出挤占储蓄的危险,但他最后得出的结论值得商榷。

可以说,格林斯潘作出正确的"诊断"——老龄化和长期停滞,却开出了不对症的"药方"——减少社会福利支出。一方面,美国的社会保护水平在高收入国家中是最差的,长期停滞的问题恰恰出在收入差距和社会保护不足上,而不在于社会福利支出过多。另一方面,他的建议对中国更不适用。

老龄化是一个全球性的趋势。**老龄化最严重的无疑是发达国家**,符合一般规律,即随着人均收入水平的提高,老龄化程度也同时提高。同时,**发展中国家和新兴经济体的老龄化速度同样非常快,近些年有加剧的趋势**。如果往前预测的话,甚至最不发达

国家，长期也呈现加速老龄化的趋势。老龄化趋势遵循的是一般规律，因此是不可避免的。

人口增长缓慢和老龄化，从两个方面影响经济增长速度。对于处于中等收入阶段和人口红利期的新兴经济体，首先遇到的是劳动年龄人口增长减速甚至进入负增长，这意味着人口红利的消失，经济增长的供给侧驱动力减弱；对于高收入国家，总人口增长减速甚至进入负增长，会导致需求侧拉动力的减弱。在经济增长减速的情况下，加上许多国家收入分配的恶化，会出现富人有钱但是消费不了那么多、穷人想消费却没有钱的困境。因此，总体上表现为储蓄水平持续大于投资意愿。

这里说的**长期停滞，不仅是经济增长速度慢下来，而是同时表现为"三低"——低通胀率、低利率和低经济增长率**。国际金融危机之前发达国家就是这个趋势，随后又加强了。这种长期的趋势是从美国发起的，波及其他发达国家，因而也就成为世界经济的新常态。这就是我们所说的长期停滞。需要讨论的是，长期停滞是否还在继续，以及会不会影响我们对今后中国外部环境的判断。

新冠肺炎疫情会产生什么样的影响？绝大多数经济学家都承认，美国经济也好世界经济也好，都不会有V字形复苏。大家用各种英文大写字母来表达对未来经济复苏轨迹的判断。从全球经济来看，我们不会期望一个V字形复苏。经济衰退非常快，但是复苏的时候会十分慢，以至迟迟不能复苏，至少在底部的时间会很长。我们姑且先假设它是一个U字形的复苏。然而，可能复苏在半路上就停止了，经济增长不会回到疫情之前的原点上，由此开启一个更新的常态。

历史经验显示，所有的经济发展长期趋势，本来都是渐变而缓慢的，而一个突发事件的出现，会诱导出一个突然的加速，渐进性由此变成突变性。**逆全球化的趋势以及实体经济长期停滞的**

状态，很可能因为这次新冠肺炎疫情而加速、加重、加深。同时，我们也知道因为供应链断裂乃至"脱钩"的问题，特别是涉及一些所谓国家安全、健康安全等，或者与有意打压竞争对手和遏制中国发展相关的恶意"脱钩"，都会导致世界经济的复苏处于一个更恶劣的环境中。因此，**长期停滞不仅会继续，可能还会比以前更深重**。这是我们所处的一个基本的背景和外部环境。

## 二 "未富先老"定义阶段性国情也是中国经济增长的国内背景

再来看中国经济所处的新发展阶段。中国经济增长会受到外部环境影响，然而更深层的背景是自身的长期变化趋势。**中国的老龄化趋势更严峻一些，而且是在中等收入阶段就迅速向高收入国家的老龄化程度靠拢，所以叫作"未富先老"**。可以说，未富先老、世界最大规模的老龄人口，以及最快的老龄化速度，构成我们未来一段时间的重要国情，成为制约经济发展的最重要因素或者基础因素。

一般来说，人口的变化会经过两个转折点：**第一个转折点是劳动年龄人口从增长到萎缩**。这个年龄组人口很重要，因为这部分人增长快、规模大的时候，会产生一个生之者众、食之者寡的人口结构，有利于经济增长。如果这个年龄组人口增长到了峰值，进入负增长，就会通过劳动力短缺、人力资本改善速度放慢、资本替代劳动过快导致投资回报率下降，以及农村劳动力转移速度减慢使生产率提速下降，导致潜在增长率下降的结论。**2010年中国经历了这个人口转折点，劳动年龄人口增长由正转负，标志着人口红利消失和 GDP 潜在增长能力减弱**。

过去我们关注不够的还有**第二个人口转折点，就是总人口增长从正到负**。根据不同的预测，**中国这个转折点终究会发生在**

2025—2030 年，即总人口到达峰值转为负增长。这个转折点带来的是什么呢？可以用其他国家的经验做一点参考。目前世界上人口负增长的主要国家有 20 个。这些人口负增长的国家与处于相同发展水平阶段但人口仍在增长的国家相比，经济增长表现普遍较差，在人口增长由正转负的年份前后，通常经历 GDP 增长率的大幅下滑。

可见，两个人口转折点都会产生不利于经济增长的效应。然而，一般来说，**第一个人口转折点导致人口红利消失和潜在增长率下降，属于供给侧的问题；而第二个人口转折点对经济增长带来的可能冲击，属于需求侧的问题**，即人口萎缩导致总需求不足。也就是说，前一个问题我们看到的是潜在增长率下降，只要能够按照潜在增长率保持增长，增长速度下行还是一个长期的过程。如果需求因素导致不能发挥潜在增长能力的话，经济增长下滑的速度就可能既迅速又剧烈。

2010 年之后中国劳动年龄人口进入负增长，笔者预见到人口红利的消失以及潜在增长率的下降，也预测了潜在增长率的下降趋势。后来实际情况也证明了，实际增长率跟潜在增长率的预测是吻合的（参见图 1）。

这个高度吻合说明什么呢？一是我们的预测得到了印证，二是实际经济增长符合潜在增长率。潜在增长率下降是从高速增长转向高质量发展的新常态，这个变化是符合发展规律的一种趋势，**只要达到潜在增长率，经济增长就是健康和长期向好的**。

从那个时候至今，笔者的研究主要关注于用改革的办法提高潜在增长率，并未担心过中国经济面临的需求因素会制约潜在增长率的发挥。但是，由于全球经济环境的变化，特别是新冠肺炎疫情之后，中国经济的确可能遇到来自需求侧的制约。如果中国现有的潜在增长率还不能实现的话，经济增长速度下行的节奏就过快，就不是健康的。正因为存在这个潜在的制约因素，**我们需**

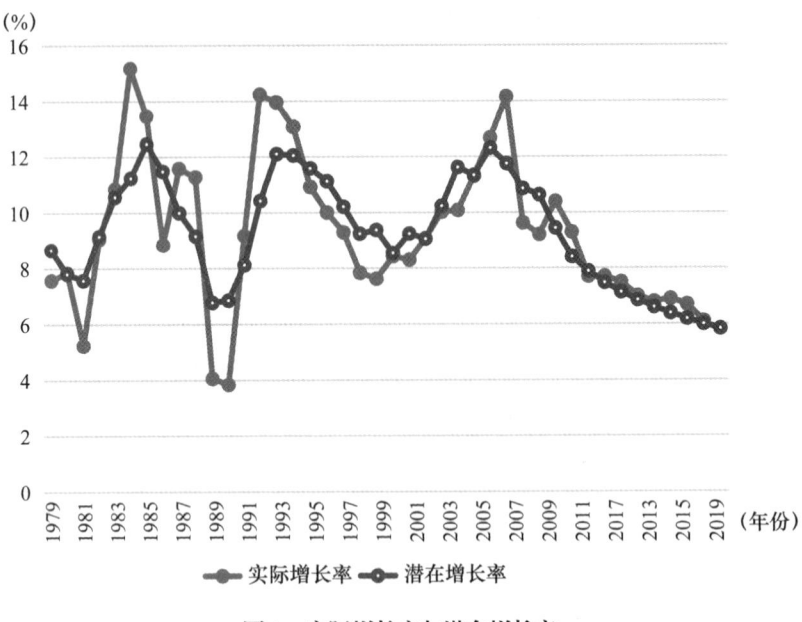

图 1 实际增长率与潜在增长率

**要打造国内大循环为主体、国内国际双循环相互促进的新发展格局，就是要挖掘内外需求的潜力。**

有没有可能出现一种由于需求因素的制约，实际增长不能实现潜在增长率的情形呢？回答是肯定的，日本就是一个例子。日本银行（央行）每个季度都计算一个GDP的潜在增长率，事后也统计到一个实际增长率。以实际增长率减去潜在增长率，得出的差额就叫作产出缺口，或者叫增长率缺口。如果这个差额是负的，说明实际增长没有发挥潜在能力。日本在1990年泡沫破灭，对经济的刺激效果延续了一段时间，因此在当年第四季度实际增长率还高于潜在增长率，增长率缺口为正值。接下来就直线往下掉，从1993年开始直到2020年第一季度，绝大多数季度的产出缺口都是负的。大家还应该知道的是，日本的潜在增长率已经非常之低，即便这样，实际增长仍然没有充分利用潜在增长能力。

## 三 "三套车"定义发展阶段拉动中国经济增长各有潜力

我们来看一看拉动中国经济增长的需求因素即"三套车"中各种因素的状况。也可以说，如何认识中国的三大需求因素，与判断当前中国经济的发展阶段是相关的。同时，如何应对三大需求因素面临的挑战，也是我们打造双循环新发展格局中根本的政策着力点。

**先看外需**。经济学家通常会用公开出版的数据看"三套车"对国民经济增长的贡献。如果简单看国家统计局提供的三个主要需求因素对GDP增长的贡献率，往往会遇到一个悖论。例如，2019年外需的贡献即货物和服务净出口对国内生产总值增长的贡献率仅为11%，而过去多年都是负贡献。我们的外需是什么呢？在统计概念上就是出口减去进口即净出口。既然对经济增长贡献已经是负的了，外需是不是就不重要了？由此还会产生更荒唐的重商主义结论，是不是只需减少进口就可以增加净出口了呢？

但事实上不是这样的，国际贸易还是重要的需求贡献因素。鉴于此，有的研究者把统计概念转化成经济学概念，重估了外需的贡献，具有重要的政策含义。1995—2011年，外需对GDP增长的贡献率仍然可以高达22%，而按统计数据来算，同期外需的贡献率只有2.5%。本文引用这个重估数据并不意味着认同其具体数值，只是为了说明，外需应该是而且的确是重要的需求因素。**我们应该充分利用自身的比较优势，同时利用我们在全球价值链中的关键位置、广泛连接性和充分韧性，牢牢地嵌入全球分工体系，坚定地避免与全球分工体系"脱钩"。**

**三套车的第二个因素是投资**。中国投资需求对GDP的贡献率近些年显著降低了，该趋势仍将继续。首先，过度依靠投资实现增长是高速增长时代而不是高质量发展时代的特征，因而其不可持续性日益凸显，降低这种依赖是转变发展方式的任务之一。其次，中国经济增长率趋于下行，是一个叫作"回归到均值"的规律现象，投资需求和投资贡献率自然也要回归均值，与国际上一般水平趋同。最后，全球经济仍处于长期停滞状态，逆全球化还可能加速，影响中国经济增长的因素同样也会影响投资需求。**未来需要从补齐制约经济社会发展短板方面，寻找促进投资的新增长点。**

**三套车的第三个因素是最终消费。**和投资贡献正好相反，中国消费对经济增长贡献长期以来显著低于其他国家。从世界银行最终消费在GDP中比重指标看，**中国消费率长期以来偏低。**从我们自己的数据看，最终消费拉动经济的贡献（百分点）近年来是降低的，这与经济增长减速相关；而对GDP增长的贡献份额（百分比）则稳步提高，显示了增长贡献结构的变化。在最终消费中，居民消费占70.0%，其中城乡居民消费分别占54.7个和15.3个百分点。可见，**居民消费特别是农村居民和低收入群体的消费，应该成为越来越重要的拉动经济增长的内需因素。**

## 四 扩大消费定义国内循环可持续动力，也是形成新格局的关键

促进居民消费要提高居民消费能力，有三个关键抓手，分别是收入增长、收入分配和再分配。从收入增长看，GDP增长和居民可支配收入增长的同步性，在不同的时期不尽相同，在很长时间里GDP比居民收入的增长更快。党的十八大以来，居民收入增长跑赢了GDP增长（参见图2）。对于促进城乡居民收入在2010年基础上翻番、打赢农村脱贫攻坚战作出了贡献。未来仍然需要保持这种同步性，否则的话就难以长期可持续地支撑经济增长所

必要的需求因素。

从收入分配来看。**过去10年里，收入分配状况得到明显的改善**，居民收入基尼系数和城乡居民收入差距的扩大趋势都得到缓解。然而，收入分配状况的根本转变，仍是艰巨的任务。国家统计局分别公布了城镇和农村人均可支配收入的五等份数据，虽然每个组的平均收入都在增长，但是组别间的收入差距还是很大。从人均收入最高20%家庭的平均收入水平与人均收入最低的20%家庭的平均收入比率来看，2019年城镇为5.9倍，农村为8.5倍，城市最高收入组与农村最低收入组的比率则高达21.5倍。

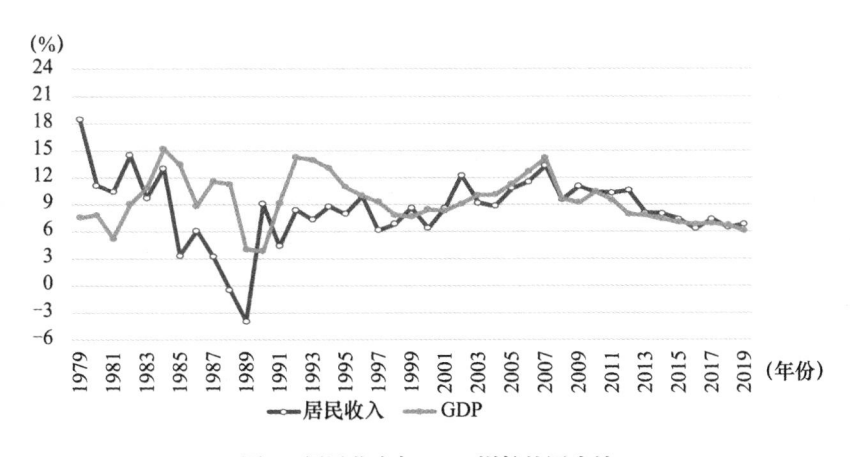

**图2　居民收入与GDP增长的同步性**

收入分配改善靠的是什么呢？应该说，分配制度改革和政府基本公共服务均等化政策都发挥了重要的作用。然而，长期以来更主要的是靠劳动力市场的初次分配效应，也就是劳动力市场发育、劳动参与率提高和居民就业增长，提高了非熟练劳动力的工资和低收入家庭的收入，总体改善了收入分配。但是，这种初次分配机制并不能根本缩小差距。并且，在新的发展阶段上，劳动力市场机制改善收入分配的效应也在减弱。因此，**根本改善收入**

分配、扩大消费内需的政策关键点是加大再分配力度。

国际经验表明，中等收入阶段的国家一般具有较高的基尼系数，而高收入国家的基尼系数普遍较低。按照世界银行的标准，中等收入与高收入分组的人均GDP门槛大约是12000多美元。人们发现，中等收入国家基尼系数多在0.4以上，而高收入国家多在0.4以下。为什么国家一跨过这个门槛，收入分配状况就显著得到改善，或者说基尼系数就降下去了呢？过去学者们苦心孤诣探讨其中的道理，其实没那么复杂，也没有太深刻的道理。那就是高收入国家加大了再分配力度，用税收和转移支付的办法就把基尼系数缩小了（参见图3）。

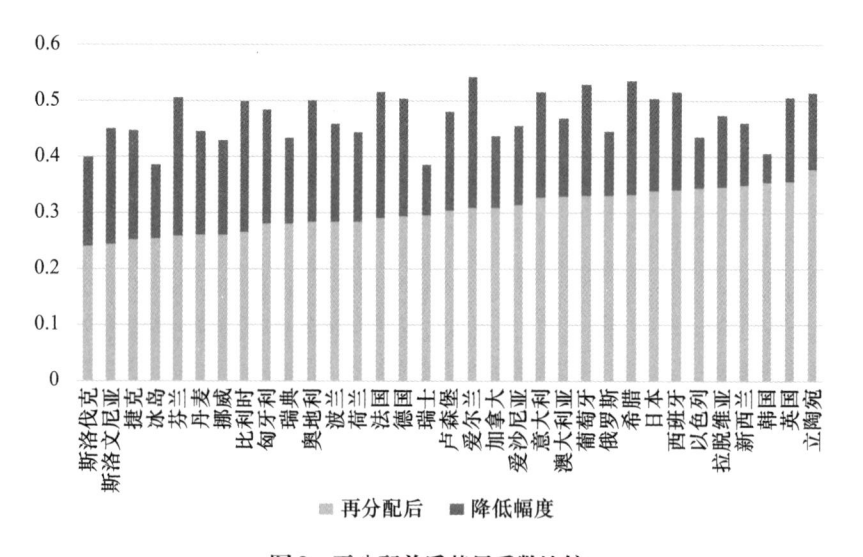

图3 再分配前后基尼系数比较

从经济合作与发展组织国家来看，初次分配后的基尼系数其实与中等收入国家是差不多的，实施再分配之后，就有了显著低于中等收入国家的基尼系数。平均而言，再分配把这些国家的基尼系数平均缩减了35%。由此可以获得重要的启发。中国人均

GDP在2019年已超过10000美元,"十四五"期间预期跨过人均12000多美元这个高收入门槛。在这期间**我们应该加大再分配力度,大幅度提高基本公共服务水平和均等化程度,同时依靠收入增长、收入分配和再分配的共同作用,提高居民消费能力,以此为主支撑中国经济增长的国内需求。**

(中国社会科学院学部委员、原副院长 蔡昉)

# 切实维护中国产业链和供应链安全

**本文要点：** 近年来，美国国内实体经济逐渐衰落，中国等广大新兴经济体迅速崛起，深刻改变了世界经济格局。美国不断谋求与中国进行技术"脱钩"，试图遏止中国技术进步。技术"脱钩"不利于中美两国发展，同时也警醒中国加大自主创新的重要性，需尽快形成安全稳固、分工有序、循环顺畅的高新技术产业链和供应链。为此，对外我们应继续坚定推动全球化，团结更多国家一起维护全球产业链、供应链；对内应充分发挥国有和民营大型产业集团的引领作用，加大自主创新和原始创新力度，加快培育高新技术产业链、供应链，形成并完善高新技术产业的内部循环。

## 一　中美两国经济格局的演进

冷战结束后，美国依靠军事霸权和金融霸权成为"食利国"，产业资本为谋取更大利益而大量外迁到要素成本具有比较优势的国家，在获取巨大利益的同时也导致其国内实体经济逐渐衰落。与此同时，经过多年埋头发展，以中国为代表的广大新兴经济体崛起，深刻改变了世界经济格局。

**一是美国资本开始收缩**。美国自2001年"9·11"事件以来多次对海外用兵，耗费巨大，2001—2018年的17年，美国用于战争的开支高达6万亿美元。2008年金融危机进一步削弱了美元地位，华尔街金融寡头"剪羊毛"式的全球掠夺、转嫁危机难以为继，遭到越来越多的国家抵制，目前全球已有29个国家通过签订本币互换协议、放弃石油美元或者从美联储运回黄金等举措规避风险。美国债务也屡创新高，2020年2月已达23.4万亿美元，占GDP比重约为109%，目前更是突破25万亿美元；股市受国际石油市场变局、国内疫情失控的影响，前一段时间10天内接连发生4次熔断，历史罕见，行业专家提示，**警惕世界金融危机从美国再次爆发**。在多重因素影响下，美国资本实力特别是产业资本实力不断下降，从资本扩张转向资本收缩。

**二是美国经济脱实向虚**。虚拟经济服务于实体经济，应当与实体经济保持合理的比例，但美国经济受资本趋利影响而出现了脱实向虚。1947年，美国三大产业占GDP比重分别为7.97%、32.69%、59.34%；1982年第二产业占比降到30%以下；2009年降到21%以下；2018年，美国三大产业占比为0.8%、18.6%、80.6%，第二产业中制造业占GDP比重为11.4%，低于日本和德国。**美国第二产业特别是制造业持续萎缩**，意味着制造业大量外迁，同时也伴随资本、技术、人才的外流和国内实体经济就业岗位的减少。**美国第三产业过度膨胀**,意味着以现代金融为核心的服务业占据经济主导地位,资本流转更为便捷和快速,但离开了实体经济的支撑,风险也与日俱增。近年来,美国政府虽然采取各种手段推动制造业回归,但由于华尔街金融体系已经高度国际化,且与制造业全球化相伴而生,所以从海外撤回制造业的效果有限,而且还会损害美国的金融霸权,实际上是损人不利己的。

**三是中国制造业向高端发展**。以中国等为代表的新兴经济体一直以来都在埋头发展,中国发展的代价和艰辛被形容为"8亿件衬衫换一架飞机",发展的成就被形容为"高铁换牛肉"。2010年,中国制造业增加值超过美国成为第一制造业大国;2018 **年中国制造业增加值为30.5万亿元,占GDP比重为29.4%,占全世界的份额达到28%以上,相当于美日德三国制造业增加值的总和**。中国是全世界唯一拥有联合国产业分类当中全部工业门类的国家,在世界500多种主要工业产品当中,220多种工业产品的产量占据全球第一。实体经济的持续稳定快速发展,为14亿人口大国提供了稳定的就业率,也带动了整体经济的发展。2000年,美国GDP占世界的比重为30.58%,中国占3.06%;2018年,美国GDP占世界的比重下降到24.40%,中国则上升到16.20%。

## 二 技术"脱钩"不利于中美两国发展

近年来,美国政府采取多项措施限制两国高科技领域合作,打压中国高科技企业。在投资限制方面,2018年8月出台《外国投资风险审查现代化法案》,将美国外资投资委员会的管辖范围,扩大到对关键基础设施、关键技术及敏感个人信息领域的非控制性投资。在技术封锁方面,美国国会通过《美国出口管制改革法案》,美国商务部根据该法案将14项技术列入出口管制。同时,美国商务部通过"实体清单"方式,截至2019年年底,将中国

239家企业和机构列入出口管制。美国推动与中国技术"脱钩"实质上是美国某些政客鼓动产业资本收缩的结果。**美国将技术"脱钩"作为一种打压和制裁中国高科技企业的手段，根本目的在于遏制中国技术进步和经济高质量发展。**

美国实体经济的衰落和中国实体经济的崛起，有着国际分工的客观原因，也有着两国不同发展模式的主观因素。美国长期依靠军事实力和金融实力维护其全球经济霸权，靠全世界"剪羊毛"和处于国际分工顶端获得超额垄断利润，大量制造业为追求更高利润逐渐外迁，国内基本上只控制产业链顶端的制造业。**美国制造业外迁的过程，也是其推动全球化的过程，美国在全球化过程中获得了巨额利益。**但全球化也有利于发展中国家获得急需的发展资金、不在出口管制中的中低端技术，以及培养和引进相应的人才，这是全球化条件下国际分工的必然结果。

2008年金融危机后，美国试图把布局海外的制造业从全球产业链、供应链撤回本国，根本原因在于美国不断发动战争耗费巨大、过度依靠金融资本食利导致与实体经济严重脱节、金融风险空前积聚。所以，**美国如果不反思变革金融政策，只是一味鼓动制造业回归，恐怕很难解决其面临的难题。**当前，全球产业链深度契合、新冠肺炎疫情仍在各国蔓延，美国成为世界上确诊人数、死亡人数最多的国家，包括美国国内投资者认为美国投资风险不断升高，这或许会迫使美国某些政客认识到从中国产业链、供应链中抽身并非易事，也不利于美国企业自身的经营发展。而且，这种技术"脱钩"，从短期看可能给中国相关产业发展造成障碍，从长期看不仅达不到目的，反而会失去中国这一超级规模市场、被其他国家所取代，阻碍其本国的技术进步。美国政府近年来采取的"退群""断链""脱钩"等举措，对全球产业链和供应链安全构成了极大威胁，开放融合共赢才是国际经济发展的规律，也是当前各国经济发展的主流。

## 三 加快培育并完善中国高新技术产业链和供应链

**一是多部门协同振兴高新技术产业。**振兴中国高新技术产业，需要发展改革委、财政部、工信部、科技部、教育部、国资委等国家有关部门和中科院等国家级科研机构，形成专门机制协同攻关。其中，国资委是推动国有企业技术进步、转型升级、实现高质量发展的重要主体，应将督促国有企业落实创新驱动发展战略、实施高质量发展作为重大的历史使命和责任，系统全面地研究梳理国有企业科技创新的发展规划和配套措施，引领、组织、推动国有企业科技创新，从国际视野、未来趋势、现实基础等各个视角，设计、培育、扶持、壮大中国高新技术产业链和供应链。

**二是打造以国有和民营大型产业集团为龙头的产业集群。**国资委监管的国有企业及华为等优秀的民营企业，基本上都是大型或特大型产业集团，处于行业领先地位，是中国实体经济的坚强支撑。应从产业集群的视角，将其作为新型举国体制和技术创新的主要载体，鼓励它们通过向上下游企业购买产品和服务、规范并不断提高质量标准和技术标准，带动中国产业链、供应链上相关企业的共同发展。通过混合所有制改革和股权多元化改革，实现国有大型产业集团与民营企业之间的优势互补、和谐共进。通过消除垄断、公平竞争，形成产业集群持续健康发展的生态。

**三是促进研发机构与大型产业集团强强联合。**企业是产业发展和科技创新的主体，科研机构是科技创新的主力军。应进一步深化科研机构分类改革，公益性、基础性的科研机构回归公共事业性质，竞争性、应用性的科研机构尽可能与大型产业集团进行专业化重组，实现产业集团经营能力与科研机构研发能力的优势互补。鼓励国家级、中科院级、省部级和校级科研机构与大型产业集团产学研创新协同，组建专业性创新平台或创新联盟，避免科研机构不善经营、产业集团自研经费过高的弊端，提高科技创新的效率，推动高新技术产业良性发展和传统制造业转型升级。

**四是加大西部地区对内开放优化产业区域布局**。当前西部地区的传统产业升级改造和前瞻性、战略性新兴产业发展迎来了机遇。应在加大财政转移支付、鼓励西部地区继续扩大对外开放的同时，支持西部地区对内开放特别是对东部沿海地区开放，在土地、税收、租金、公共基础设施等方面实行更加优惠的政策，大幅降低投资创业的成本。重新规划西部区域重大项目和产业集群，引导国有和民营大型产业集团在西部大开发中积极发挥骨干作用，为西部地区的产业发展、人才回流、就业吸纳、消费提升、市场扩充和配套升级作出贡献。

**五是努力完善高新技术产业的内部循环**。面对美国推动与中国技术"脱钩"，我们应做好充分的应对准备。首先，在对外依赖程度较高的有关技术领域取得突破，通过定向减税、资本注入、设立重大专项等，加大对大型产业集团的政策和资金支持。其次，以政府采购、国有大型产业集团采购和民营龙头企业采购为主要抓手，强化对高新技术产业的市场导入，培育和带动国内高新技术产业链、供应链，实现产业集群的结构优化。最后，加快形成并不断完善高新技术产业的内部循环，以内部循环参与全球产业链的外部循环。同时，在经贸领域继续利用中国的资本和产能优势，推动合作共赢的新型全球化。

（国务院国资委研究中心副主任、研究员　郑东华）

# 以改革促产业发展　打造现代农业4.0版

**本文要点**：中国农业发展经历了"以粮为纲"的农业1.0版、"全面发展"的现代农业2.0版、"新产业新业态涌现"的现代农业3.0版、"乡村产业全方位展示"的现代农业4.0版，表现出丰富内涵。现代农业4.0版的乡村产业发展，要坚持正确的发展方向，聚焦确保国家粮食安全、提高农业发展质量、实现可持续发展、增加农民收入四个重要方面。持续激发改革活力，是推动乡村产业发展的关键。下一步，要通过深化农村土地制度改革、培育壮大新型农业经营主体、致力农业科技创新、完善农业支持保护政策框架，推进现代农业4.0版走向深入。

现代农业发展至今，在功能、业态和实现路径诸方面越来越表现出新的内涵特征，并内生出乡村产业的多元化趋势。对此进行深度分析，对于把握中国现代农业发展方向意义重大。

## 一　乡村产业有丰富内涵

从现代农业的阶段性来看，可以把新中国成立70年以来农业发展的历史划分为四个阶段：

**第一阶段（1949—1978年）：农业1.0版，主要特征是"以粮为纲"。**这个阶段是从传统农业到现代农业的起步阶段，全党抓粮食生产。尽管没有彻底解决好粮食问题，但为农业的下一步发展奠定了良好的产业基础。

**第二阶段（1978—2003年）：现代农业2.0版，现代农业有了全面发展。**主要表现在解决"吃饱问题"后又解决了"吃好问题"，农林牧渔产业有了历史性进步。与此同时，人民公社时期产生的社队企业发展到了第二个阶段——乡镇企业，使现代农业从乡村产业这个角度来看出现了萌芽起步。

**第三阶段（2003—2017年）：现代农业3.0版，新产业新业态不断成长发展。**"吃好问题"有效解决后，城乡居民对农业的需求由单一的物质需求向精神需求不断延伸，在农林牧渔几大传统产业继续丰富发展的同时，新产业新业态不断释放。**第一个大的新产业是乡村观光旅游休闲。**2018年该产业的增加值达8000亿元，占农业增加值的12%，解决了800万农村劳动力的就业问题。**第二个大的新产业是"互联网+"。**2018年"互联网+"在农村实现商品零售额1.37万亿元，占农业增加值的21%；农产品线上交易的销售额达3000亿元，吸纳了2800万农村劳动力就业；从事农村电商的经营主体达1200万家，全国共有1100个淘宝镇、4300个淘宝村，这从一个全新的角度为农业发展提供了广阔的空间。**第**

**三个大的产业是农产品加工业**。尽管农产品加工业是传统产业，但当前爆发出了蓬勃的发展态势。2018年农产品加工企业达7.9万家，主营收入为14.9万亿元，在解决中央提出的"农头工尾、粮头食尾"问题方面发挥了巨大的作用。**第四个大的产业是有蓬勃发展态势的农业生产性服务产业**。2018年该产业实现增加值2000亿元，土地托管半托管总量达3.65亿亩。生产性服务业的发展是下一步现代农业发展必须抓的大工作。

第四阶段（2017年至今）：现代农业4.0版，2017年乡村振兴战略提出后，**现代农业有了乡村产业的全方位展示**。一是从产业业态来讲，表现为**各种业态在不断地融合发展**，农文结合、农工结合、农贸结合、农旅结合，农业与其他产业呈现融合态势。二是从农业的功能来看，**农产品产出功能要强化**，特别是绿色发展功能是新产业新业态必备的一大功能。三是从实现路径来看，**互联网农业、智慧农业**等在很大程度上改变了我们对传统农业的认知。四是从政策组合方式来看，**政策聚焦不同的产业业态，新产业新发展**，包括"互联网+"、智慧农业、大数据云计算等。

面对资源禀赋、农业产业类型和功能要求的多元化特征，特别是农户家庭众多、经营规模有限的农业基本格局，如何在乡村产业发展方面增加更多就业容量和收入就显得十分重要。

## 二　乡村产业要坚持正确的发展方向

现代农业4.0版的乡村产业发展，是基于中国农业资源禀赋多元、产业类型多元、农业从业者众多的事实提出的概念。从全面建成小康社会及实施乡村振兴战略的目标要求看，在相当长的时期内乡村产业最重要的任务，是保供给、保就业、保收入。

第一，**确保国家粮食安全**。无论乡村产业的内涵和外延发生多大变化，它的基本功能方向不能有丝毫改变。这个方向就是**确**

保以粮食为重心的农产品有效供给。乡村产业由物质产出向非物质产出延伸，由平面农业向立体农业延伸，由有边有形的农业向无边无形拓展，由农林牧渔物质产出向山水田林湖草迈进。在新的形势下，农业的功能在变化、路径在变化、政策组合方式在变化，无论怎么变，乡村产业的第一大功能依然是确保粮食和重要农产品的数量安全、总量安全。

第二，**提高农业的发展质量**。吃得好、吃安全、满足多元化体验的消费需求是乡村产业的第二个任务。**要延长产业链、提升价值链、保障供给链、完善利益链，满足消费者对农产品的多元化需求**。与此同时，要在这个过程中实现农业内部更充分的就业和农民农业经营收入的增长。要通过乡村产业的发展遏止农产品贸易逆差扩大的趋势，从而达到从国内来看满足需求保证供给、从全球来讲提高质量效益和竞争力的目的。

第三，**实现可持续发展**。农业既是传统产业，更是"永恒的新生产业"。**农业要实现永续发展，绿色理念要深入人心**。山、水、田、林、湖、草，宜林则林、宜耕则耕、宜水则水、宜牧则牧。我们要保持取得好成绩的势头，不断提高森林覆盖率，优化化肥农药使用。2015年全国化肥使用量为6023万吨，2018年减少到5653万吨；2015年全国农药使用量为150万吨，2018年减少到122万吨；在40亿吨动物粪便、10亿吨植物秸秆的无害化处理和资源化利用方面做了大量工作，取得了不俗的成绩。

第四，**增加农民收入**。在农民收入四大来源上，农业收入占比越来越低。2018年家庭经营收入占比为36.7%，工业化带来的工资性收入占比为41%，转移性收入达20%，财政性收入只有2.3%。现代农业发展、乡村产业发展，一方面**要在增加农民家庭经营上做文章**，要延长农业产业链条，增加农业内部就业容量；另一方面**要突出地区特色农业**，比如在山西生产杂粮，在陕西生产苹果，在西南地区生产茶叶，在江西赣南地区聚焦脐橙产业，这样农民收入的增长效果将会非常明显。新产业新业态的发展一定要以增加农民收入为工作着力点。

## 三 以改革促乡村产业发展

改革是优化主体、优化资源、优化市场最大的动力，乡村产业未来的发展应在四个方面做好改革。

第一，**深化农村土地制度改革**。一是**做好承包地的改革**。要坚持"三权分置"，以最少的劳动力种最多的地，以规模取胜，解决农产品充分供给问题，这是基本方面。全世界的农业都是规模取胜，中国农业也要走这条道路，只是规模经营模式不同，时间长短存在差异，要有历史的耐心。二是**深化宅基地改革**。农业农村部按照中央要求出台了《关于积极稳妥开展农村闲置宅基地和闲置住宅盘活利用工作的通知》，提出在不侵犯农民土地权益，包括不减少粮食生产能力、不减少耕地数量的前提下，盘活用好闲置宅基地，通过出租、出让方式主要用于新产业新业态发展。

第二，**培育壮大新型农业经营主体**。一是**各类新主体要有不同的功能定位**。二是**充分释放工商资本在乡村产业发展中的引领作用**。三是**培育各类职业化的专门产业人才**。乡村产业发展要求农村人才具有匠人精神、创新意识和社会责任感。新产业新业态的发展和从业人员的基本技能高度相关。乡村产业生成了很多新的工种，比如乡村规划师，乡村要在保护好、利用好的同时建设好，没有好的规划是不行的。此外，智慧农业、"互联网＋"等都提出了新的职业技能要求。

第三，**致力农业科技创新**。农业科技在乡村振兴中有四个方面需要突破：一是**强化生物技术**。怎样确保我们农产品的总量供给，杂交水稻、矮败小麦、杂交玉米等生物技术为此提供了一定的技术支撑。二是**强化装备技术**。过去装备技术就是拖拉机、收割机，现在进一步拓展到设施农业、智能温室，远远超越了以往的认知范围，在这方面我们需要继续学习。三是**强化信息技术**。智慧农业、功能农业正改变着人们的生活方式。在云南、贵州等地很偏僻的农村都可以看到大数据、云计算等最现代的农业技术的运用。2018年年初笔者在毕节调研时发现，企业从事猕猴桃生产，田间有传感器，空中有探头，在上海、北京等超市就可以了解毕节猕猴桃的生产情况。四是**强化降耗技术**。同样的小麦生产、水稻生产，如何在这个过程中减少化肥投入、减少水资源的使用，但产出不变、质量更优，这是一篇大文章。

第四，**完善农业支持保护政策框架**。这个框架主要包括财政税收、基础设施、公共服务、金融信贷、农业保险、人才培养、市场营销等。一是**基础设施要聚焦粮油大宗农产品生产条件的改善**，比如强化农田水利建设。二是**公共财政要对新产业新业态发展发挥引领作用**。在农民认识不足的情况下，通过公共财政调控和补贴政策，促使农民有兴趣、有意愿从事新产业新业态的生产经营。三是**金融保险要着眼于提升农业质量、效益和竞争力**。要发挥市场对资源配置的作用，金融要在机构创新、产品创新、服务创新三大创新上下功夫。农民对金融的需求在变，金融机构对农民服务的供给模式也在变，大到一个国家、小到一个县，金融环境、金融生态也需要进行相应的调整。

（清华大学中国农村研究院副院长　张红宇）

# 构建包容数字经济发展的治理新格局

**本文要点**：新一代数字技术正在与各行各业加速深度融合。近年来，中国积极拥抱数字化转型，加快"放管服"改革步伐，强化立法和标准体系建设，完善跨部门综合治理机制，探索政企联动、优势互补的协同治理模式，但同时中国的治理体系也存在一些深层次的矛盾需要解决。建议坚持包容创新的监管理念，强化市场竞争执法，促进线上线下公平竞争，明确数据资源治理规则，构建多方协同治理体系，加强治理规则的国际合作，以制度创新为数字经济健康有序发展提供导引。

以互联网、大数据、人工智能、5G为代表的新一代数字技术正广泛融入各行各业，深刻改变着传统的商业逻辑和产业特征，由此孕育出一批跨区域、跨领域的巨型数字生态。建议坚持包容审慎、鼓励创新的理念，以数字平台为主要对象，探索建立数字经济治理规则，为数字经济健康有序发展保驾护航。

## 一 数字经济发展呼唤加快变革传统制度体系

近年来，数字技术创新活跃，数字经济蓬勃发展，在带来数据治理、协同治理等新需求的同时，也对传统的市场准入、竞争政策、用户权益、安全利益等制度带来挑战。

第一，**数字经济的新特征需要设置相配套的准入规则**。以网约车、互联网医疗、在线点餐等为代表的数字经济新模式，在运作模式和发展路径上与传统业务迥然不同。例如，网约车业务基于数字技术为司乘双方提供动态弹性、精准匹配的信息匹配服务，让出行效率更高，若继续沿用传统出租车的管制规则无异于"削足适履"。又如互联网医院采取以"在线患者—网络平台—在线医生"为特征的"屏对屏"诊疗模式，继续沿用传统上对"患者—医院—医生"实行属地准入的监管制度也难言有效。对于数字经济新事物，打造与之相吻合的准入规则是发展所需。

第二，**数字经济挑战条块分立的监管体制和传统监管方式**。数字化新应用普遍具有跨界融合的特征，这对传统上边界较为清晰的、自成体系的分业监管体制提出挑战。同时，数字服务还具有"一点接入、全网服务"的特性，服务提供者注册地、网站接入地、消费者所在地相互分离，跨地域、跨国界经营是一种常态，但不同主体所在归属地的监管安排和利益诉求不尽相同，不同国家间的法律法规更是存在较大差异。由此，对建立纵横协调、相互协同的监管机制的需求变得日益迫切。

第三，**数字平台竞争的复杂性凸显现有竞争政策乏力**。数字平台企业"一家独大"是数字时代的客观规律，尽管领军平台企业存在垄断嫌疑，但这有助于构建统一大市场，打破市场地域分割。从市场行为上讲，平台实施免费甚至补贴定价策略，也不意味着实施了掠夺性定价行为；拒绝与竞争对手交易，也不意味着实施了排他性行为。毕竟数字平台具有双边市场特性，其竞争策略不同于传统市场。如何平衡好数字平台的规模效应和防止平台滥用市场力量之间的关系，对于竞争政策创新是一个挑战。

第四，**数据治理问题丛生折射出现有制度上的诸多空白**。数据资源是数字时代的战略资源和关键资产，但数据治理规则并不健全。其一，大型平台上汇聚的数据庞大，引发了对数据垄断的担忧和嫌疑。其二，平台上汇聚的数据丰富，兼有公共属性、商业属性和个人权利属性，如何确认、分解与平衡相关权利，既缺乏依据也缺乏操作办法。其三，政务数据资源需要向社会开放以释放其经济价值，但会涉及安全问题。总体上，在与数据相关的各方面议题上的治理规则还不成体系。

第五，**数字生态系统的多元性要求加快形成多方治理格局**。数字企业拥有技术优势，掌握着海量数据和算法规则，通过制定平台规则和商业合同，对入驻的商家和消费者形成了事实上的监管权力，那么平台是否会滥用权力侵害其他主体的权益？与此同时，传统监管主要依靠事前准入许可、事中现场巡查、事后罚款和吊销执照等手段，自然难以做到对千万级的店家、亿级的消费者和千亿笔的在线经济活动进行实时、精准、高效监管，那么政府部门除了增强在线监管能力、要求平台企业落实主体责任外，如何建立起更紧密的政企协同机制？这些问题都还没有清晰的答案。

## 二 探索数字经济治理的主要进展及其挑战

面对数字技术，中国加快"放管服"改革步伐，积极拥抱数字化转型，加快法规制度建设，探索多方参与的新型治理格局。

首先，**对数字经济新业态如"互联网＋"等实施包容准入**。数字技术自身也在快速迭代创新过程中。面对活跃的创新局面，国家大力提倡包容审慎监管，对新生事物给予发展观察期。例如微信自2011年推出后，冲击了基础电信企业的短信业务，国家坚持由市场决定，目前微信已成长为超过10亿用户的基本应用；又如二维码移动支付于2014年推出后，尽管各方存在分歧，但国家坚持鼓励创新，目前中国移动支付交易额已跃居全球第一。

其次，**加快国家数字经济领域立法和标准制定步伐**。数字空间面临的网络安全、经营秩序问题亟须规范，国家对此加快了立法步伐：2016年出台全面规范网络空间安全管理的《网络安全法》；2018年出台针对电子商务市场秩序和管理体制的《电子商务法》；2021年6月，《数据安全法》经全国人大常委会第二十九次会议通过；8月，《个人信息保护法》经全国人大常委会第三十次会议通过。针对各方高度关注的个人数据保护问题，2019年1月组织开展APP违法违规收集使用个人信息专项治理行动；6月《信息安全技术个人信息安全规范》国家标准公开向社会征求意见。

再次，**加快建立数字经济多部门综合治理机制**。数字经济创新多出现在跨界地带，势必对跨部门监管提出更多需求。为加强对互联网金融、共享单车、网络直播等业务的监管，有关部门发布了《关于促进互联网金融健康发展的指导意见》《关于鼓励和规范互联网租赁自行车发展的指导意见》《互联网直播服务管理规定》《关于加强网络视听节目直播服务管理有关问题的通知》等，力图界定职责边界，厘清协同治理机制。

最后，**探索创新政企联动、优势互补的协同治理模式**。一方面要求平台企业落实安全生产和网络安全等法律义务，加强主动监测、统计、发现和依法处置；另一方面，推动政企数据共享，如有的地方政府与电子商务平台企业对接，实现网店信息、统计信息、信用信息、违法信息等交互，为政企协同治理提供条件。此外，还要充分发挥行业协会在推进行业自律中的牵头作用，支持媒体和广大网民等加强监督，构建多方共治的新型治理机制。

另外，**中国治理体系还存在一些深层次矛盾**：一是**传统行政管理体制的制约**。部门分割、地区分割的行政管理体制，协调成本较高；过去按照重事前准入、轻事中事后监管的传统模式建立的行政资源配置格局，调整起来难度较大。二是**缺乏前瞻性和系统性**。一些部门的监管基本上是线下向线上的直接延伸，一些改革措施主要为了应对眼前的矛盾，对数字经济长期发展缺乏系统规划，适应新业态发展的基本制度还没有建立起来。三是**监管机构能力不足**。监管部门在队伍技能、监管手段等能力建设方面无法跟上企业创新的速度。

## 三 加快构筑数字经济治理体系的建议

随着数字化转型不断向各行各业尤其是高管制领域渗透，各方面对加快治理体系变革的需求越来越强烈。

第一，**坚持包容创新的监管理念**。建议各行业主管部门允许试错、包容失败，为新业务、新业态的发展留有空间。要动态地研判新业务的利弊和制度适应性，及时调整监管对象和内容，既不要一味将现有规则从线下向线上延伸，也不宜将明显违背规律的新事物当作创新。尤其要根据新业态发展的需要填补规则或标准空白，如自动驾驶需要尽快建立涉及汽车、道路和司乘等的新规则，区块链、数字货币等需要超前研究与之配套的新规则。

第二，**营造公平竞争的市场环境**。针对平台变革快、创新周期短和动态竞争的特点，建议完善反垄断法、反不正当竞争法在数字领域的适用细则；加强细分市场竞争状况评估，引导企业行为预期和强化自律；对于涉嫌滥用市场支配地位的行为，应敢于执法、规范秩序；针对线上线下竞争问题，应顺应产业变革大势，不宜对新业态另眼相看、采取歧视性的措施，以促进公平竞争。

第三，**明确数据资源治理规则**。在保障国家安全和个人隐私的前提下，充分释放数据要素资源的经济社会价值。抓紧研究关于数据权利确认、分解和平衡的原则、规则和操作办法。要求企业遵循合法、正当、必要的原则，公开收集、使用规则，明示收集、使用信息的目的、方式和范围，防止个人数据滥用。依法督导企业采取技术和管理措施，确保个人数据安全。加快推进政务数据开放共享，激发创新创业积极性。

第四，**构建多方协同治理体系**。平台经营者作为平台协同治理最直接的一方，应按照公平、公正、中立的原则，开发算法、处理数据、制定规则，平衡好自身商业利益和事实上承担的公共性管理和服务功能，切实履行好合理注意和执法协助义务，打造健康向上的数字生态。鼓励政府部门购买第三方技术服务，增强技术优势，提升数字化、在线化、智能化监管能力。支持第三方组织出台行业服务标准和自律公约，用好社会监督和企业自律。

第五，**加强治理规则的国际合作**。数字经济先发优势和制度引领优势非常明显，后发国家则面临着严峻的数字鸿沟劣势，各方对于数据空间的治理规则必然存在分歧。解决规则冲突和分歧需要坚持和而不同的理念，求同存异，在双多边场合，坚持协商制定包括个人数据保护、平台责任、数据跨境流动等在内的治理规则,促进数字贸易发展;同时要协商制定数字空间安全准则,增强战略互信和执法互助。

(国务院发展研究中心企业研究所研究员　马源)

# 用好国内超大规模市场
# 促进中国经济转型升级

**本文要点：** 中国有 14 亿人口，中等收入群体规模全球最大，市场规模和潜力巨大。中国的超大规模市场可以实现巨大的经济功能，成为世界经济增长的动力之一。当前以廉价要素和资源进行加工制造出口的经济全球化进程趋于尾声，而依托国内大规模市场资源吸纳全球创新要素的新的经济全球化浪潮正在展开。我们可以依托大规模市场优势促进中国经济全球化升级，建设创新驱动型国家。为此，我们应以推进区域市场一体化、改革收入分配制度、优化企业竞争条件等来促进超大规模市场的建设。

## 一 超大规模市场的经济功能和战略意义

建设超大规模市场是指，在国土辽阔、人口众多的基础上，通过不断升级市场结构、完善市场秩序、改革市场机制和优化市场环境等，来推进国内市场容量、规模和结构的不断成长。

第一，**超大规模市场可以实现巨大的经济功能**。虽然超大规模市场对国家的消费性基础设施和市场秩序提出了挑战，但是它具有强大的经济功能，可以支撑现代经济增长，促进专业化分工水平不断提升，对全球生产要素尤其是人才技术等先进要素产生强大的虹吸效应。

第二，**中国建设超大规模市场具有特殊的经济作用**。其一，**给实体经济以强大的需求激励**，从而吸引各种资源和要素积聚于实体经济，增加实体经济的有效供给。其二，从增加消费和投资需求两个方面，**抑制当前和未来经济下行的趋势**，保证充分的就业，为提高人民收入水平提供动力。其三，**为全球企业进入中国大市场创造更多的机会**，从而为世界经济增长作出贡献。

第三，**中国的超大规模市场具有战略上的优势**。其一，它是可靠的战略资源，是对产生战略性影响的行动起着关键作用的无形资源。其二，它是可以依托的比较优势，过去的比较优势是低成本生产要素，现在除了新型举国体制，另一个比较优势就是在超大规模国家基础上形成的大规模市场。其三，它是中国未来实现发展战略目标的重要工具，超大规模市场可以与飞速发展的信息化、网络化相结合，成为拉动或推动重大的技术进步、结构变迁和社会演化的主要力量。

## 二　依托大规模市场优势促进中国经济全球化升级

当前，中国以廉价要素和资源进行加工制造出口的经济全球化进程趋于尾声，而**依托国内大规模市场吸纳全球创新要素的新的经济全球化浪潮正在展开**。究其原因，一是国际经济长期低迷、逆全球化浪潮兴起，贸易摩擦影响了中国出口导向型的经济增长空间；二是国内要素和资源价格的急速上升，使中国快速地丧失制造业国际代工的比较优势，这是中国必须尽早扭转出口导向经济、建设内需驱动型全球经济的内在动力。

基于国内大规模市场优势的经济全球化，与基于出口导向的经济全球化之间的差异在于：前者是**利用本国的市场和全球的人才、技术来发展中国的创新经济**；后者是利用别国的市场来发挥本国低端要素的比较优势，通过招商引资来实现进出口。

基于大规模市场的经济全球化的基本特征：一是在人口基数大的基础上，使民众收入不断增长，使内需规模处于全球领先地位；二是塑造强势本币的国际地位，促进其他国家对本国出口，以便能长期廉价地获取全球要素和资源；三是以强大国内市场中成功机会多的优势，吸收全球资本、技术尤其是人才向本国流动。

我们要利用全球创新要素发展中国的创新经济：一是**塑造新的全球化理念和为其服务的战略和政策**，其中最为关键的是要扬弃出口导向战略，搭建以宜居城市为核心的扩大内需的经济平台；二是**实施深度的结构性改革**，使居民收入水平、人民生活水平和社会保障水平迈上新的台阶；三是**新的经济全球化战略需要由中国的跨国公司**来承担，关键是要放手让民营企业在国内市场进行兼并重组，鼓励民营企业联合起来"走出去"。

## 三 发挥大规模市场优势建设创新驱动型国家

利用中国的大规模市场优势发展创新驱动经济,将培育出中国企业参与新一轮经济全球化的新的动态竞争优势。

第一,**从促进国内创业创新出发,高水平地"引进来"**。引进来的重点是引进人力资本、技术资本和知识资本,即以中国不断释放的内需为引力,以全球城市为载体,以优化的创新创业的制度环境为平台,以全球化企业为主体,大力虹吸全球先进科技和人才。引进来不是以市场换技术,而是通过优化投资环境,促进所引进的人力资本、技术和知识与国内创业创新的热情、政策和平台等因素充分地对接,激发国内创业创新的动力。

第二,**以服务于全球市场和增强国内产业竞争力为目标,大规模地"走出去"**。走出去是要沿着全球城市网络的节点建设各种以我为主的全球价值链。可以在"一带一路"沿线推动中国品牌企业参与境外基础设施建设和产能合作,推动中国高铁、电力、通信、工程机械以及汽车、飞机、电子等走向世界,向极具市场潜力的新兴市场渗透和延伸。另外,也可以依托中国市场规模迅速成长的市场效应,在走出去中吸收国外先进生产要素尤其是高级人才,通过建立"国内—全球"之间的知识流动管道,构筑国内创新创业的双向流动机制,提升国内企业在全球创新网络中的地位。

第三,**构建对内对外开放新格局,以对外开放促对内改革,推动中国创新驱动国家建设步伐**。出口导向型开放发展不出自主创新经济和自主品牌;只有在对内开放、充分利用国内市场中,才能培育自主品牌和自主技术。如长三角地区在过去的出口导向型经济中,发展的是代工经济;未来长三角一体化高质量发展示范区的建设,作为上海重要的对内开放载体,要定位于为建设有世界影响力的科技创新中心服务，从而成为对内开放的新高地。

第四，**提升中国的开放型经济发展水平，使更多的全球人力资源为我所用**。人力资源既是生产力中最积极主动的要素，也是跨区域移动性较弱的要素。这一特征导致了国家之间在生产率、产业结构和收入福利等方面存在巨大差异。如果我们可以推进全球优秀人才向中国移动，就能够快速提升中国产业结构，缩小与发达国家在收入和福利上的差距，这应该成为中国实施创新驱动战略的一个重要政策目标。

## 四 建设超大规模市场的途径

### （一）推进区域市场一体化

中国的市场性状是理论上计算的市场规模大，但实际上的现实市场规模小。造成这种状况的外在原因，除了人均收入水平和消费水平相对较低外，主要是中国目前的市场存在着比较严重的区域分割，并不是一个充分一体化的统一大市场，因而难以体现大规模市场的优越性。

**推进区域经济一体化，是建设全国统一协调市场、放大市场规模效应的重要思路**。只有坚决地去除各种有形与无形的行政壁垒，鼓励企业充分竞争，才能在这种区域经济一体化的基础上，逐步建设统一、开放、竞争、有序的强大国内市场。

### （二）改革收入分配制度

中国居民消费占GDP比重一直较低，而且长期处于下降通道。进入高质量发展阶段，消费尤其是居民消费，应该替代投资驱动成为新内需的主要力量。**扩大消费性的内需，关键在于收入分配改革**。财产性收入与工资性收入的不对称，是造成收入分配差距持续扩大的基础的制度原因。中国居民工资性收入占GDP的比重在50%以上，而财产性收入占GDP的比重仅有3%。财产性收入的低下，使得中国居民总收入占 GDP 比重偏低，因而消费在整个经济中的比重不高。

将中国从出口大国和投资大国转变为消费大国，有可能为制造业转型升级打开新的空间。**扩大内需的政策关键在于，如何提高居民的财产性收入**。一是需要在产权理论上承认人力资本在价值创造方面的贡献；二是确立建设分享经济的政策体系，生产要讲效率，分配要讲公平，现阶段尤其要以公平促效率；三是重点建设资本市场强国，完善资本市场的财富增值功能，扭转资本市场仅为企业融资的功能，要以增加人民的财产收入为中心改革其内在功能。

### （三）优化企业竞争条件

中国实体企业这些年来投资能力下降、投资速度降低，主要原因在于各类所有制企业竞争条件的不均等，使得民营企业的发展遇到了困难。**政策纠偏应以实现各类所有制企业的竞争条件平等为重点，提高民营企业的投资愿望和投资能力**。民营企业的核心问题，关键在于对内开放不足，影响了对外开放的步伐和水平，造成国内市场上外资与本土企业不平等的竞争态势，抑制了民营企业的发展能力。优化民营企业的营商环境，从短期看，是要通过政策倾斜助其发展；从中长期看，是要强化从非均衡发展转向平等竞争的基础条件。

（南京大学长江产业经济研究院院长、

长江学者特聘教授　刘志彪）

# 双循环对科技创新生态的要求与对策

**本文要点**：双循环新发展格局是中国根据形势适时提出的重要发展思路，意味着社会经济系统的系列变革。科技创新生态系统是双循环新发展格局的重要支撑系统，因此需要根据双循环新发展格局这一发展思路重新审视科技创新生态系统。本文认为双循环新发展格局对科技创新提出了新要求：一是要尽快弥补关键技术短板，解决国内大循环的断点和堵点；二是要加快发展与之相适应的科技创新模式。因此，需要建设与双循环发展新格局相适应的科技创新生态。

## 一 双循环需要重新审视科技创新生态系统

双循环新发展格局是中国在新形势下提出的新的重要战略思路。2020年以来，面对严峻的外部环境，中央提出"逐步形成以国内大循环为主体、国内国际双循环相互促进的新发展格局"，大力推进高质量发展。2020年5月14日，中共中央政治局常委会会议首次提出"构建国内国际双循环相互促进的新发展格局"，其后在两会期间以及7月21日召开的企业家座谈会上被多次强调。7月30日的中共中央政治局会议指出："当前遇到的很多问题是中长期的，必须从持久战的角度加以认识，要加快形成以国内大循环为主体、国内国际双循环相互促进的新发展格局。""加快建设双循环新发展格局"，实质是要健全和壮大国内大循环，调整和优化国际大循环，形成国内国际双循环相互促进关系，从而保障中国经济社会总体安全，加快经济高质量发展。这是对当前复杂严峻的发展形势的研判应对，是现代化经济体系和更高水平改革开放的需要，更是一项长期战略。

**双循环新发展格局需要经济社会大系统中各类子生态系统的支撑**。要形成国内大循环为主体，在供给侧需要形成健全的生产供应系统、保障各类产业链的安全、提升其竞争力；在需求侧，需要培育和发展国内市场系统、发挥大规模市场优势。要形成国内国际双循环相互促进，也需要发展新型国际合作体系，形成更高水平的开放格局。因此，双循环新发展格局需要重新审视各类子生态系统并推动变革。

**双循环新发展格局尤其需要重新审视科技创新生态系统**。这既需要审视科技创新生态系统的目标、任务、结构和资源配置是否符合双循环新发展格局要求，也需要重新审视科技创新生态系统的机制体制是否符合双循环发展新格局要求。科技创新是知识和信息等要素不断流动和互动而形成的结果,双循环新发展格局将显著改变这些创新要素的流动和互动模式,因而,科技创新生态系统的改变是必然的。

## 二 双循环对科技创新提出了新要求

双循环新发展格局事实上是对经济中供给侧和需求侧的重大战略调整,这意味着相应的科技创新也要有对应的重大调整,长期遵循的科技创新模式也应做对应调整。

**双循环新发展格局对科技创新的新要求,首要的是需要尽快弥补关键技术短板,即"补短板",解决国内大循环的断点和堵点**。双循环是以国内大循环为主体的,这对中国经济而言是一次重大转型,因为中国经济已形成显著的外向型特征,具有典型的研发和消费"两头在外"特征,特别是部分关键技术受控于人,产业安全受到威胁。要实现这一转型,对科技创新而言,关键技术必须实现自主可控,因此必须大力发展"补短板"式科技创新,这在双循环新发展格局中显得十分急迫。同时,需要加快前沿技术研发和应用的进程,避免形成新的关键技术"短板",积极锻造关键技术"长板"。

**双循环新发展格局需要加快发展相适应的科技创新模式**。无论是要加快关键技术"补短板""锻长板",还是要避免形成新的关键技术"短板",在双循环新发展格局中,国际形势已迥异于以往,特别是在国际主要创新网络中,无论是人才流动,还是知识和信息流动,均已产生明显变化,并且无法排除会受到更多无端限制的可能。因此,我们既需要快速形成有利于加快关键技术"补短板""锻长板"的科技创新模式,又需要构建国际科技创新合作的新模式。

## 三 双循环需要形成科技创新生态新循环

要实现双循环新发展格局对科技创新提出的新要求,就需要在科技创新生态之中形成相适应的新循环,这包括科技创新生态中主体的角色、资源和要素的流动、主体的互动关系和体制机制的支撑等。

**适应双循环发展新格局的科技创新生态新循环,一是需要有更多创新主体投入到加快关键技术"补短板""锻长板"任务之中**。关键技术"补短板"虽然在过去一直被强调,但从未有当前这么急迫。"补短板"之所以一直未得到明显缓解,关键并非因为缺乏"补短板"能力,而是因为缺乏"补短板"的责任主体和动力,都将希望寄托于他人。因此,科技创新生态新循环之中应加强"补短板"主体的明确和任务的落实。**二是需要在战略和战术上加大对"补短板"的重视**,在资源配置中加大"补短板"资源的投入力度。三是需要总体上在科技创新生态中投入更多创新资源,从而避免关键技术"锻长板"不被"补短板"拖了后腿。

**适应双循环发展新格局的科技创新生态还需要形成新的体制机制**。首先是在科技创新规划和计划形成中,构建合理的项目筛选标准,从而可以避免"补短板"任务被淘汰出局;其次是在科技创新活动开展过程中,要形成有利于促进"补短板"工作积极性的评估评价体系,从而使科研机构和科研人员心无旁骛地从事"补短板"工作。这种能够融合"补短板""锻长板"的机制体制,是当前机制体制优化的一个挑战,应得到广泛重视。

**适应双循环新发展格局的科技创新生态需要"补短板"机制和文化**。显然,我们的科技创新机制和文化需要兼顾"高精尖"和"补短板"。当前科技创新生态中,多出和快出高质量成果的机制和文化,是背离"补短板"科研的,或会打击组织、个人等科技创新主体从事"补短板"研究的积极性，提升了组织开展"补短板"研究的难度。在"补短板"十分重要的当下，需要中国科技创新生态的机制和文化体现更多"补短板"导向，发展出一种适合"补短板"的机制和文化。一是国家及省市科技创新规划和科技计划项目中应给予"补短板"研究应有重视。二是强化"补短板"研究的动力机制，通过在科技评价机制中融入适应"补短板"研究的成果"少"和"慢"等特征的对应措施，调动创新主体的积极性。三是建立"补短板"能力机制，通过在科技计划项目和资源配置中给予"补短板"研究更多支持。四是需要在科研创新生态中倡导一种长期文化，倡导"板凳宁坐十年冷"的精神。五是，"补短板"研究还需要情怀，从事"补短板"研究的创新主体需要有家国情怀，需要有为国家富强、民族振兴而艰苦奋斗的精神。

**适应双循环发展新格局的科技创新生态建设应以"十四五"科技发展规划为契机建立科技"补短板"责任机制。**大量亟须"补短板"技术长期存在而成为"老大难"，说明市场机制失灵，政府必须积极治理。因此，建议以"十四五"科技发展规划为契机建立科技"补短板"责任机制。**一是以"十四五"科技发展规划为契机明确落实科技"补短板"责任主体。**建议明确中央和地方、高校、科研院所及企业等主体在"补短板"中的角色和责任。可由国家科技体制改革和创新体系建设领导小组指导科技部组织提出"补短板"路线图，中国科学院、教育部及直属高校以及科技优势省份分别结合路线图作好定位，结合中央反复强调的战略科技力量、新型举国体制、新型研发机构等方向改革或新建责任匹配研究单位。**二是以"十四五"科技发展规划中的"补短板"目标和责任体系倒逼机制体制改革，加快建立适应"补短板"的科技体制机制。**虽然"破四唯"行动方案已出台，但"破"不易，"立"更难，在科技界广泛的改变显然需要一个探索过程，跟不上科技"补短板"的迫切性要求。因此，以"十四五"科技规划中的"补短板"目标和责任体系倒逼机制体制改革，可以加快建立适应"补短板"的科技体制机制。

总之，双循环新发展格局对科技创新提出了新要求，既要尽快弥补关键技术的"短板"，解决国内大循环的断点和堵点，也要加快锻造关键技术的"长板"，还要形成与之相适应的科技创新模式。要实现双循环新发展格局对科技创新提出的新要求，就需要在科技创新生态系统之中形成相适应的新循环，这包括科技创新生态中主体的角色、资源和要素的流动、主体的互动关系和机制的支撑等。

（同济大学上海国际知识产权学院教授　任声策）

# 夯实中国粮食安全保障的对策

**本文要点：** 中国经济发展转型期的一个特征性现象，是粮食安全之忧会周期性演变成热议问题。近年来中美关系积累的矛盾释放伴随新冠肺炎疫情全球流行一度引发国际粮食市场波动。国内粮食市场与政策调整伴随国有部门夏粮收购下降，多方面因素叠加作用下公众与学界对粮食安全关注度显著升温。有关机构发布报告预测几年后中国粮食供求缺口将显著加大，有学者把粮食安全作为实施"双循环"调整的首要举措加以强调，市场分析机构纷纷发表相关分析评估观点。如何看待中国粮食安全形势再次引发各方关注与广泛评论。

作为14亿人口转型大国,保障粮食安全对中国经济与社会发展至关重要。目前国内外经济环境正在经历深刻演变,我们需动态研判粮食安全领域存在的问题与风险,未雨绸缪。因而有必要实证考察粮食安全形势,对中国粮食安全保障条件、形成原因、现实问题与风险形成比较接近实际的判断。

## 一 粮食安全有保障

从国内产出看,2003年以后"十二连增"把粮食产量从4.3亿吨大幅拉升到2015年的6.6亿吨,加上大豆等粮食进口大规模增长,推动粮食供求关系由比较紧缺向相对过剩阶段转变。2015年粮食供大于求、相对过剩局面大体形成。近年来粮食周期调整改变了"连增"走势,2015—2019年产量大体稳定在6.6亿吨上下,加上净进口因素粮食表观消费量维持在7.7亿—7.8亿吨历史高位。中国人均粮食产量从1997年的298千克增加到21世纪初年产350千克左右,到2008年达到400千克以上,2015年则上升到481千克峰值,近几年维持在470千克上下。**国内粮食生产产量的持续趋势性提升,构成中国粮食安全保障的最重要基石。**

从国际贸易角度看,**近年来中国参与国际粮食市场的程度大幅提升,呈现两方面特点:其一,谷物贸易进口规模不小然而贸易依存度较低**。过去两年大米、小麦、玉米等主要谷物年净进口700多万吨,大麦等杂粮年净进口600万—700万吨,谷物净进口约占国内产量的2.5%。其二,**大豆进口规模持续扩大**,2015—2019年在8200万—9500万吨高位波动。大规模进口大豆节约了国内稀缺的耕地与水资源,通过提供优质饲料原料支撑了国内饲养业快速发展与国民膳食结构改进。当然**大豆贸易高依存度也存在潜在风险**,国际市场波动会对中国产生调整压力。

从库存方面看,**中国粮食库存规模随市场周期变动,总体远**

**高于国际通常安全标准**。与 2015 年粮食相对过剩峰值时相比，近年来官方调整最低收购价，减少收购量的同时增加销售量，国有粮食库存总量显著调减，玉米库存降幅估计较大。即便如此，中国粮食实际库存仍数倍于相关国际机构提出的安全标准。过量库存从经济效率看并不合适，不过为粮食安全提供了额外保障。

从食物消费看，**粮食安全支持国民膳食结构与营养水平历史性改善**，居民人均直接消费口粮减少，动物性食品、木本食物及蔬菜、瓜果等非粮食食物消费增加，食物更加多样，饮食更加健康。数据显示，近几年中国城乡居民膳食能量得到充足供给，蛋白质、脂肪、碳水化合物三大营养素供能充足，碳水化合物供能比下降，脂肪供能比上升，优质蛋白质摄入增加。

## 二 安全保障的由来

通过提升国内生产力实现粮食安全目标是成功推进经济持续增长与结构升级的前提条件之一。实现粮食安全目标也离不开体制改革转轨与制度创新支撑，离不开经济发展后对粮食及农业部门提供的现代要素投入与政策扶持。国内粮食生产能力跃迁，再加上进口粮源补充，推动供给持续趋势性增长，与增速低于预期的需求增长动态匹配，成功构建中国粮食安全的保障条件。

国内生产能力趋势性提升可从几个方面理解。

**首先，市场化取向改革通过体制创新释放增长潜能的结果**。建立以长久农户家庭承包制为核心的土地制度，构建适应农业经济规律和特点的农村微观组织架构，放开价格管制，鼓励要素流动，引入市场机制，通过改革释放被旧体制束缚的农业生产力，并为长期资源有效配置与活力激发提供体制保障。在现代市场经济环境下，中国农民的优良素质得到前所未有的发挥，构成了中国粮食和农业生产效率持续提升的微观基础。

其次，**农业投入增长发挥不可或缺作用**。进入21世纪，中国农业投入数倍增长，支持了粮食和农业产能提升。中国农业复合肥料投入从2000年的918万吨增长到2018年的2269万吨，农村用电量从2000年的2421.3亿千瓦时增长到近年的9000多亿千瓦时，农用地膜覆盖面积从2000年的1.59亿亩增长到2018年的2.66亿亩，农用机械总动力从2000年的5.26亿千瓦增长到近年的10多亿千瓦，农业研发投入从21世纪初10亿多元增长到2018年的110多亿元，农田有效灌溉面积从1978年的7.3亿亩增加到8.67亿亩。

最后，**农业产出结构变化也从供给角度对粮食安全保障条件构建产生积极作用**。如水产品、水果、坚果等食物生产规模大幅增长扩大了中国食物总量供应能力并改进了食物产出结构，为实现粮食安全目标提供支持。另外中国政府一直高度重视粮食与农业生产，重视农村教育以开发培育农业劳动力资源，重视农业科技研发与普及，取消农业税负，持续增加农业财政支出，这些重农惠农政策也对粮食供给与安全保障发挥了积极作用。

从需求侧看，在人口与收入增长驱动下粮食消费需求持续增长，有助于长期供求关系中买方市场的因素增加，对粮食安全保障作用显著。中国人口总量估计将见顶于14.5亿以下，人口预期峰值回落对粮食需求增长产生抑制作用。人口老龄化加剧超过预期，对粮食消费增长派生反向调节作用。再加上蔬菜、水果、坚果、农产品等生产过程与粮食相对独立的食物人均消费增长派生替代作用，这意味着**收入增长对粮食消费需求的拉动作用比较有限**。

## 三　问题与风险应对

一国粮食安全的基本含义，是要保证所有国民在任何时候能获得维持生存和健康所必需的足够粮食。强调粮食安全有保障，是基于中国强大的粮食生产供给能力及其预期可持续增长，这就始终需要动态管理与有效应对各类现实问题与潜在风险。

**第一，应对短期性或周期性粮食市场供求与价格波动仍是棘手问题**。开放型市场经济为解决粮食安全提供体制条件，同时也会面临各种原因导致的粮食市场与价格波动冲击。比如2020年年初疫情防控紧张阶段个别地区囤积粮食抢购食物导致了市场波动。疫情冲击与全新宏观政策环境下部分品种粮价较快回升，受预期作用农户产生惜售囤积倾向，导致**后续粮食市场走势存在较大不确定性**。如何深化改革完善粮食价格与流通体制，改进调控政策使之更加符合经济规律从而降低其放大波动作用，仍是有待解决的挑战性任务。

**第二，从内外资源利用关系看，需理性看待粮食贸易依存度问题**。基于比较优势增加大豆等粮食进口，是开放环境下中国建构粮食安全保障体系的重要环节之一，具有现实合理性，对中国农业结构升级与膳食结构改善也发挥了积极支撑作用。近年来中美经贸关系生变，又遭遇疫情全球流行冲击，中国大豆进口并未遭遇外部针对性政策举措阻挠，说明即便在比较特殊环境下中国大豆进口来源的非经济风险仍比较有限。不过也应看到，粮食大规模进口潜在不确定因素不会消失，对此需理性分析与务实应对。面向未来我们仍应坚持扩大开放，基于国内市场需要继续进口必要数量大豆和其他粮食，同时科学评估大规模进口潜在风险，并对小概率极端情形下所需采取的调整举措未雨绸缪。

**第三，从巩固粮食生产能力要求看，需持续治理农业环境污染**。中国国内粮食和食物生产趋势性增长为粮食安全提供保障可谓厥功甚伟，然而也付出了环境压力加大的代价，突出表现为水土流失、土地退化、荒漠化、水体和大气污染、农业化学污染和重金属污染、森林和草地生态功能退化等。党的十八大以来，中国加大了对农业以及其他来源的环境污染治理，成效彰显，然而农业环境污染近年来仍对全国"环境污染贡献率近半"，土壤污染与水体污染仍在较多区域显著存在，化肥农药利用率仍远远低于发达国家水平。治理农业污染仍需持续努力、久久为功。

第四，**从广义食物安全角度看，需继续加强食品质量监管，提升动物疫病防控能力，节约粮食杜绝浪费，重视膳食与营养结构不平衡问题**。经多年强化治理中国食品质量整体水平显著改善，然而食品安全形势仍不容乐观。如"微生物污染、农兽药残留超标等问题仍然突出"，地沟油加工成食用油违法案件仍时有报道。2019年夏季以来非洲猪瘟疫情暴发与快速蔓延，给中国生猪产业与猪肉市场造成重大冲击，对动物传染病危害及中国现行动物防疫体系有效性提出严峻警示。另外，仍需弘扬节俭美德，杜绝餐饮浪费现象。针对过量摄入盐与脂肪、纤维和矿物质摄入不足等导致相关疾病，还需重视膳食与营养结构不平衡问题。

综上，对中国粮食安全保障我们可作出如下判断。

首先，**中国基本粮食安全有比较可靠保障**。20世纪80—90年代中国食物消费就已在满足粮食基本生存需要基础上初步形成安全缓冲层，进入21世纪以来这个缓冲层呈现持续稳健加大态势。事实表明，中国不仅早已摆脱历史上"饥荒之国"的命运，而且粮食安全保障程度已得到实质性提升。

其次，当代粮食安全保障发生实质性改观的根本原因，在于市场化取向体制变迁加上农业科技与现代投入条件，推动**粮食供给侧生产能力实现历史性跃迁**。需求侧原因则在于，**主要受人口与收入驱动的粮食需求仍保持增长**，然而其增速受多方面结构性因素制约低于较早期估测水平。供求两侧基本趋势及其背后结构性变量的动态匹配，现实构建中国粮食安全的保障条件。

最后，**要继续把侧重粮食稳定可靠供给的传统粮食安全目标放在优先位置**，动态评估及应对粮食生产能力与贸易可持续性风

**险，保持必要的忧患与危机意识**。须总结历史经验，克服"半周期改革"困难，改革完善粮食流通体制和价格干预政策，提升保障粮食安全的整体效率水平。同时要重视应对食品质量、动物防疫、餐饮浪费及营养结构等新环境下的广义食物安全问题。

（北京大学国家发展研究院教授　卢锋）

# 后疫情时代中国产业高质量发展的路径选择

**本文要点**：产业高质量发展是一项系统性、战略性、复杂性、长期性工程。在国内外形势深刻变化、国际竞争日益激烈的时代背景下，中国产业发展宜采取"扬长补短，攻守兼备""稳中求进，重点突破""虚实互动，软硬一体""上下互济，时空优化""互利共赢，内外统筹"的战略方针，从"质量提升、效率变革、新产业成长、创新驱动、模式升级、空间布局优化、可持续发展、要素支撑"等维度选择发展路径。

## 一 推进产业高质量发展是新时代的要求

产业是支撑经济增长、推进现代化、保障国家安全的核心力量，是大国竞争的根基所在。经过改革开放40多年的持续快速发展，**中国诸多产业已实现了对发达国家在数量与规模上的追赶和超越，但中国还不是产业强国，在质量、效率、竞争力、品牌、前沿技术等方面尚需"二次追赶"**。未来5—10年，新一轮科技革命和产业变革将会深入推进，国际产业、科技竞争更加激烈，产业分工和贸易环境会出现许多新的重大变化。综观国内外大势，中国产业发展仍将拥有战略机遇，但也将面临短期性问题与长期性问题叠加、国内因素与国外因素交织、外部风险与不确定性增加的重大挑战。如何在全球变革中加快产业强国建设步伐，推进产业高质量发展，是实现中华民族伟大复兴的战略抉择。

推进产业高质量发展是一项系统性、战略性、复杂性、长期性工程。既要立足国情、实事求是，又要放眼全球、着眼长远。要坚持持续动态优化、需求导向、市场与政府有机结合、遵循产业自身发展规律。

产业高质量发展由产业发展战略高质量、产业发展过程高质量与产业发展结果高质量三方面构成，相互作用、相互影响。**发展战略为发展过程指明了目标与方向，发展过程是发展战略的具体实施与路径选择**。同样，发展结果被反馈到发展战略和发展过程中，而产业发展过程又连接、影响着产业发展战略目标与产业发展结果。

## 二 推动产业发展高质量首要的是战略的高质量

全球格局即将进入深度调整期，国际产业竞争将加剧。中国产业发展战略制定应遵循发展规律、竞争规律，牢牢把握时代发展之机，着力化解问题与风险。总体上可采取以下方针。

**扬长补短，攻守兼备**。面对日益激烈的全球竞争，要充分发挥中国的产业优势领域，着力弥补发展中的短板，消除产业发展的瓶颈。有竞争力的产业在全球进行布局，缺乏竞争力的产业如幼稚产业、对外依赖性产业、产业链薄弱环节要加强防御能力，增强供应链弹性，确保产业链供应链安全。

**稳中求进，重点突破**。要保持传统产业的稳定发展，圆满完成工业2.0与工业3.0的任务。同时依托传统产业优势，加快发展新兴产业，超前部署未来产业，有序推进工业4.0等战略任务，要重点突破关乎国家安全与战略能力的关键产业、关键技术、关键部件、关键基础设施的瓶颈，占据未来战略竞争制高点。

**虚实互动，软硬一体**。推动农业、工业、服务业等实体经济与金融良性互动，推动农业、工业与服务业联动发展，推动农业、工业、服务业与信息网络深度融合，推动硬件、物理基础设施与软件、数字化基础设施等一体化发展。

**上下互济，时空优化**。推动产业链上中下游、供应链中的供方需方、创新链中研发设计与商业化产业化等协同发展，提升产业生态、创新生态的共生性、复杂性、韧性与灵活性。分产业有步骤有计划地推进升级，统筹短期与长期发展。完善地区间分工协作网络，持续优化产业空间布局。

**互利共赢，内外统筹**。大力增强中国的全球连接能力与流动能力，积极参与全球经济治理，维护全球供应链安全稳定开放，将中国与世界多数国家的生产网络、贸易网络、创新网络、物流网络、资源网络等紧密联在一起，合理布局支撑中国发展的全球网络，构建中国的全球生产贸易体系。

## 三　推进产业发展过程的高质量导向

产业发展以优化发展模式、动力与路径为主线，通过"六大导向""八大协调""八大路径"，从根本上改变产业粗放式发展、不可持续发展、不包容发展状况，走出一条集约发展、质量发展、智慧发展、创新发展、开放发展、共享发展、绿色发展之路。

### （一）"六大导向"

**目标导向**。以构建现代产业新体系与实现产业强国目标为指引，推进新产业革命与产业现代化进程，加速做强战略性产业与关键产业。

**问题导向**。必须着力解决各次产业发展中的各类问题与短板，特别是重大结构性、体制性问题。消除发展中的薄弱环节，夯实产业发展基础。

**需求导向**。产业发展要紧紧围绕人民的需要，充分考虑各类人群诉求。产业的体系、结构、布局以及产品品种、数量、品质、价格等，要满足不同层次、不同维度的需求。针对日益细分的市场，提供更加精细的产品与服务，以更多价值创造来适应、引导、释放需求。

**质量导向**。质量是产业持续发展最基本的决定因素，产品的质量水平决定着产业发展的水平。中国产业必须从提升质量上下功夫，从数量时代迈向质量时代。坚持"质量为先"，将质量突破作为中国产业由大变强的关键予以重点推进，引导产业把转型升级的立足点真正转到提高质量和效益上来。

**创新导向**。产业竞争力取决于创新能力，中国产业须在创新、研发、关键技术方面取得重大突破，逐步进入世界领先地位。以创新驱动产业升级与竞争力的提升，激发产业界、科技界、教育界的创新活力。要以新科技新理念新模式推动产品、工艺、流程、商业模式、管理、制度、服务、营销、组织、品牌等多维度多层次多领域的创新，使中国从创新追随者向创新领导者转变。

**竞争力导向**。以形成国家竞争优势、优势产业、优势企业、优势领域、提高国际竞争力与影响力为导向，构建有利于提升竞争力的要素与环境条件，持续提升生产率水平，提高资源配置效率，提高中国产业在全球价值链中的地位。

**(二)"八大协调"**

**产业数量（规模）与产业质量相协调**。中国是全球第一人口大国，内需规模巨大，这就要求国内产业具有服务超大规模市场的能力。没有量变的积累（足够的规模）就谈不上质的飞跃。要做到量中有质，质中有量，量质互动。

**产业与生态环境相协调**。产业发展以不破坏生态环境为前提，加强节能减排技术的应用；生态环境保护要有利于产业升级，将绿色理念导入产业链条全过程，推进产业绿色化发展，构建绿色产业体系。

**工业与农业、服务业相协调**。以新型工业化推动农村现代化，以农村现代化支撑新型工业化与新型城镇化。推动工业与服务业融合发展，通过发展生产性服务业来支撑工业竞争力提升，引导和支持制造企业做强生产制造环节的同时，更多引入服务元素，使得制造与服务彼此嵌入、交叉、渗透与赋能。

**产业与社会相协调**。产业发展要有利于社会发展，如就业增加、就业人员收入水平提高，收入分配更加合理，承担相应社会责任等。社会发展能够为产业发展提供合理的人力资源规模、优化的人力资源结构、高效的人力流动、安全的社会保障体系等。

**国内产业与国际产业相协调**。中国产业规模巨大，外溢效应明显。中国应将国内产业升级与全球产业格局调整结合起来，把握全球产业格局变动趋势，在全球范围内配置资源，促进国际经济大循环。根据中国产业在全球价值链中的地位、东道国的需求确立升级战略与对策。

**国内各地区产业相协调**。一方面要激发地区发展活力，充分调动地方在产业发展方面的积极性与创造力；另一方面，要保障各种要素在国土空间上自由流动和优化配置，形成地区间产业优势互补、合理分工、协同发展的格局。

**军事产业与民用产业相协调**。强国必须强军，强军依靠强国。新时代军事产业要有新的要求和更高的标准，需要从党和国家建设的全局及现代化建设的高起点上，谋划军事产业现代化建设，提高打赢未来战争的能力。必须推动军事产业升级与民用产业升级相耦合，使两者通力合作。

**传统动力与新兴动力相协调**。中国产业类型的多样性、多种生产力水平、多种发展阶段及不同层次的需求，决定产业发展不能仅靠单一的要素驱动、投资驱动或者创新驱动，不能仅靠传统产业或新兴产业，而是要靠多种动力机制的混合。既要大力发展传统产业，发挥初级劳动力和初级加工基础好的比较优势，又要大力发展新兴产业，加快实现从低科技含量向高科技含量、从低增加值向高增加值、从低生产率向高生产率的转变。

（三）"八大路径"

路径1：**标准化、精益化、管理优化相结合的质量提升路径**。强化标准引领，形成"底线标准、消费者满意标准、战略性标准、国家安全标准、未来标准"相统一的产业标准体系。形成以质量为导向的资源配置方式，构建质量与价格的科学联动、反应机制。推动企业精心设计、精益生产、精细服务。健全企业质量管理体系，提高全面质量管理水平。推动企业社会责任制度、诚信体系建设，完善产品召回制度。

路径2：**数字化、网络化、智能化赋能的效率变革路径**。围绕降本增效、供需对接的要求，推动产业数字化进程。加强应用数字化、网络化、智能化技术，对供应链不同环节、生产体系与组织方式、产业链条、企业与产业间合作等进行全方位赋能。加快运用物联网、大数据、云计算、人工智能、5G、区块链等信息网络技术，促进企业内的人、物、服务以及企业间、企业与用户间互联互通、线上线下融合、资源与要素协同。

**路径3：新产品、新服务、新技术、新业态为导向的新产业成长路径**。把握新一轮产业革命的重大历史机遇，大力发展下一代信息网络（如产业互联网、大数据、云计算、5G、人工智能、区块链等）、高端装备（如大飞机、新能源汽车、无人自动驾驶汽车、磁悬浮铁路等）、生物（如基因产业、生命科学、生物疫苗等）、新材料、新能源（如太阳能、风能、氢能等）、特高压、节能环保等战略性新兴产业。

**路径4：不同类型、层级、领域创新体系建设的创新驱动路径**。围绕国家战略、市场需求、未来方向等，推动企业、产业结合自身情况，升级创新范式，促进产业链与创新链深度耦合。推动政产学研用有机结合，推动企业创新体系、产业创新体系、国家创新体系建设，打造世界级的创新生态系统。支持大中小企业和各类主体融通创新，推动科技成果转化和产业化。

**路径5：平台化、共享化、供应链化、生态化的商业模式升级路径**。改变企业单打独斗、单一"产业"思维，转向"体系"思维，促进产业融合，构筑产业、资金、市场、人才、平台、技术等诸多要素协同的产业与市场高效对接的新商业模式。

**路径6：地区、国内、国际产业分工深化的空间优化路径**。按照"有所为、有所不为""充分发挥比较优势与后发优势""形成自身独特竞争优势""畅通国内循环国际循环"等思路，推动各地区从全球分工体系与国家发展战略角度精准定位，选择好主导产业、支柱产业与优势产业，培育特色鲜明、专业化程度高、配套完善的产业集群。发达城市群可着力打造世界级产业集群。

**路径7：将绿色、循环、低碳理念导入各次产业、产业全生命

**周期的可持续发展路径**。在产业发展的规划、设计、生产、流通、物流、消费、投资、运维、评价、治理、供应链等各方面体现资源节约、环境友好的目标，推动产业绿色化转型，统筹推动绿色产品、绿色工厂、绿色园区和绿色供应链发展，促使企业提供清洁环保的产品和服务，实现降低能源资源的消耗、减少废弃污染物和温室气体的排放强度，同时保持产业平稳健康发展。

**路径8：通过要素供给升级与体制机制有效保障来提高产业发展潜力的要素支撑路径**。产业发展过程高质量离不开相关要素支撑。包括：符合时代技能要求与知识结构的丰富人力资源；先进适宜的技术装备；强大、智能、安全、绿色的物理基础设施、数字化基础设施与创新基础设施；规模适度的多层次多渠道资本体系；相对充足的土地、矿产、能源等资源；富有效率的经济组织、科研组织；精准、灵活的政策；良好的体制机制；等等。

在国内外形势深刻变化、国际竞争日益激烈的时代背景下，推动产业高质量发展，首要的是保证产业发展战略高质量，才有发展过程高质量，才有最终达到产业发展结果高质量的可能。

（国务院发展研究中心产业经济研究部研究员　魏际刚）

# 高度关注新形势下中国粮食安全问题

**本文要点**：近年来，中国国产粮食供不应求，而且缺口较大，中国已成为世界粮食进口第一大国，粮食进口量增加迅猛且自给率持续走低。因此，在极端气候和经贸摩擦影响下，中国粮食安全面临着十分严峻的挑战，甚至对国家稳定和发展产生重大影响。为此，我们提出如下建议：一是国家设立并大力扶持藏粮于民与乡村振兴计划；二是针对粮食浪费严重和对饥荒认识淡薄的问题做好宣传工作；三是大力发展和改进储存粮食技术；四是扶植和培育自己的国际大粮商，支持大型粮食企业"走出去"，积极开拓国际粮食贸易。

## 一　中国粮食安全特征

粮食安全是人类生存发展的最基本条件。随着人口增加、人民生活水平提高，特别是城镇化加快推进，中国粮食需求将继续刚性增长。因此，**切实保障中国粮食安全是治国理政的头等大事**。2019年10月14日发布的《中国的粮食安全》白皮书明确指出，中国必须高质量精准实施"以我为主、立足国内、确保产能、适度进口、科技支撑"的国家粮食安全战略。

在国际上，受极端气候、自然灾害（蝗灾）、重大疫情、政治经济形势等多方面影响，**世界粮食安全形势仍不容乐观**。联合国粮农组织、世界卫生组织、世界粮食计划署等联合发布的《2018世界粮食安全和营养状况》报告显示，2017年全球约8.21亿人口面临粮食不足，饥饿人数在过去3年持续上升，已重回10年前的水平，同时还有数亿人口面临健康风险。地区冲突、经济增长放缓、气候变化和重大自然灾害是世界粮食安全状况恶化的主要原因。

**中国是粮食净进口国也是世界粮食进口第一大国，水稻、玉米和小麦三大主粮净进口已成常态化**。中国国产粮食供不应求且缺口较大，近年来中国粮食进口量增加迅猛且自给率持续走低。据国家统计局和海关总署的数据，在粮食总产量上，2000年中国粮食总产量为4.65亿吨，2018年中国粮食总产量达到6.58亿吨，但相比2017年下降了0.6%。在粮食自给率上，2017年中国粮食自给率降到了82.3%左右，已经低于世界安全标准的90%。在粮食进出口量上，2000年中国粮食进口量为0.1356亿吨，出口量为0.14亿吨；2018年中国粮食进口量达到了1.09亿吨，出口量则下降为0.0162亿吨，18年间中国粮食进口量增长了7倍，出口量却减少到原来的11.58%。尤其中国大豆需求量逐年增加，约90%的需求量依赖进口。预计到2030年，中国粮食总需求量将达到8.8亿吨，需要增加供给粮食1.1亿吨，这部分粮食主要还是依靠进口来满足。

## 二　中国粮食安全面临的威胁

第一，**极端气候灾害对粮食生产的影响趋于严峻**。全球气候变化促使中国粮食主产区水热资源时空分布格局发生变化，并不断加剧局部地区自然灾害要素的形成，引发自然灾害特别是极端气候事件，这种现象一旦发生势必对中国粮食产量、种植制度、生产结构和地区布局产生深远影响。联合国政府间气候变化专门委员会发布的报告表明，与气候变化相关的越发频繁的热浪、干旱、洪涝产生的影响比预期来得更大、更快，并会引发火灾、虫害和病菌等灾害。近年来频繁的极端天气对中国粮食生产造成的不利影响越来越大。未来随着全球气候变暖，极端气候事件的不断加剧，中国粮食生产将面临更多、更严峻的挑战。

第二，**中国耕地面积退化严重，生态环境的破坏，直接影响粮食安全**。中国耕地退化面积占耕地总面积的40%以上，水土流失、土地沙化和荒漠化、盐碱化、土壤污染、土地肥力下降等问题在局部地区表现明显。其中荒漠化土地占国土面积的27.2%；沙化土地占国土面积的17.9%。

第三，**中国粮食进口来源主要集中在少数国家，导致国家安全发展存在较大潜在风险**。中国粮食进口来源国较为集中，主要来自美国、巴西、加拿大、澳大利亚、阿根廷等少数国家。**巴西、美国、阿根廷是中国大豆的三大主要进口来源国**，其进口量占大豆进口总量的95%左右。2018年巴西大豆占中国大豆进口总量的75.1%，达到0.66亿吨，美国大豆进口量受关税影响虽大幅下降，但也达到0.17亿吨，美国和巴西两国进口大豆合计占中国进口大豆总量的94%，从俄罗斯、印度、阿根廷、乌拉圭等国进口的大豆总量约为进口总量的6%。**澳大利亚和美国是中国小麦进口的主要来源国**，2018年因澳大利亚小麦大幅减产和美国关税问题，中国在加拿大、哈萨克斯坦和俄罗斯的小麦进口量激增，其中仅加拿大一国的小麦进口量就高达50%左右。**国际粮食贸易摩擦和波动对中国的粮食生产及农业发展影响较大**。从当前发展态势来看，未来中美大规模的经贸摩擦仍可能发生。**近期沙漠蝗灾肆虐多国，中东与非洲至少2500万人的粮食安全恐无保障，加之当前全球疫情形势不容乐观，势必影响到世界粮食安全**。国家的稳定发展必须依赖可靠稳定的粮食供给和能源资源供给，严重依赖国际市场会导致国家生存和发展条件受制于人。

第四，**中国城乡居民储粮意识趋于淡薄**。随着中国社会经济发展，城乡居民生活条件大为改善，人们储备粮食的意识已经非常淡薄。当前中国普通城市居民的粮食储备一般仅维持一个月左右。过去农民储备的粮食可以维持到来年新粮，但现在农民也不再大量储备粮食，多数农民家中常年存粮仅够维持15—30天。一旦遇到大的自然灾害、大规模粮食贸易波动和重大公共卫生事件影响，粮食安全保障就会出现问题，甚至产生饥荒，影响到全国的稳定发展。

第五，**中国粮食浪费严重**。中国居民饮食结构的改变，导致了粮食消耗和浪费巨大。中国中等规模以上餐馆每年至少倒掉约2亿人一年的口粮；全国各类学校、单位集体食堂每年至少倒掉3000万人一年的口粮；中国家庭居民每年可能浪费约550万吨粮食，相当于1500万人一年的口粮。2016年11月底，中科院公布的一项调查结果显示，中国餐饮食物浪费量约为每年1700万—1800万吨，相当于3000万—5000万人一年的口粮。**在储粮、储藏、运输、加工等方面，浪费的粮食数量同样巨大**。在储粮方面，由于储存设施条件简陋，烘干能力不足，缺乏技术指导服务等，每年因虫霉鼠雀造成的粮食损失比重在8%左右。另外，全国粮食企业有近1.2亿吨仓库属危仓老库，储粮条件差、损失大，损失损耗逾750万吨。在运输方面，中国粮食运输方式落后，专业化运输工具短缺。大多数粮食运输采用传统的包粮运输方式，即基本采用麻袋、塑料编织袋，在储存环节拆包散储，到中转和运输环节又转为包装形态，这样多次搬倒转运的包粮在装卸、运输当中的抛洒以及包装物的遗留造成的损失率高达5%以上。整个储运环节，损失损耗大约在750万吨以上。在加工方面，由于消费者要求提高，多数大米都会进行抛光，甚至多次抛光。同样数量的稻谷，抛光越多，产出的大米成品就越少，既损失粮食营养素又明显降低出品率。中国粮食行业协会曾做过测算，以20%的大米被加工成特制米为例，中国每年就损失大米约400万吨，相当于近千万亩稻田的年产量，即两千多万人一年的口粮。

## 三 政策建议

一是**国家设立并大力扶持"藏粮于民与乡村振兴的民间计划"**。政府呼吁和号召中国城乡居民利用政府打造的渠道或各自的渠道，根据自家的具体情况与农民签订互帮协议，即城市居民每年向农村居民提供可以购买够自家一年口粮的资金，在受灾年份农村居民为城市居民提供粮食。如果没有发生自然灾害，就让农村居民来年把陈粮用来喂养家禽家畜或酿酒等，同时提供一些农副产品给城市居民。翌年继续提供资金储备新粮食，往复循环，藏粮于民。乡村振兴需要全国人民一起参与，这样不但可以预防将来的重大自然灾害、粮食等物价上涨，还能让城市居民每年吃到放心的农副产品，对城市居民并没有损失，而且变相支持了乡村振兴，也能保障自家的基本口粮。最重要的是预防了重大自然灾害和国际粮价浮动，同时盘活了农村经济，打通了农副产品的流通渠道，为国家发展和乡村振兴作出了贡献。

**二是针对粮食浪费严重和对饥荒认识淡薄的问题加强宣传工作**。建议在电视节目或通过其他渠道，做一些节约粮食宣传的工作，让城乡居民有一个防患意识，提前储备一些必要的粮食等农副产品物资。将粮食储备分成三个等级：一是国家储备；二是地方储备；三是城镇居民和农民储备。国家是战略储备，地方是长期储备，城镇居民和农民是应急储备。

**三是大力发展和改进粮食储存技术**。在粮食储存方面，强化新仓建设，实现仓好粮安；强化危仓改造，消除安全隐患；强化科技储粮，实现常储常新。大力推进粮仓智能精准通风、环流精准熏蒸、粮情精准测控、谷物精准冷却、充氮气调储粮等新的储粮技术，使库存的粮食处于一种安全状态。此外，为了提高储粮技术，可以设立相关科技攻关项目，建议由国家农业部、科技部和发展改革委等牵头，会同其他相关部门，规划设立"科学储粮技术和方法"的相关科技项目，系统深入研究粮食长时间储备的方法，研制储粮设备，特别是南方潮湿地区粮食储备技术的发展和改进。

**四是扶植和培育自己的国际大粮商，支持大型粮食企业"走出去"，积极开拓国际粮食贸易**。要从产粮国采购加工粮食以供应缺粮地区，既促进全球区域粮食供求平衡，又缓解国际粮食异常波动对国内市场的冲击。同时，国家制定相关政策，鼓励在城乡接合部建立能抗击极端气候的大棚种植蔬菜，从而调节蔬菜价格，缓解和规避灾害带来的粮食和蔬菜供给问题。

（清华大学公共管理学院助理研究员　孔锋）

新冠肺炎疫情与应对

# 新冠肺炎疫情肆虐的国际影响与中国应对

**本文要点**：新冠肺炎疫情对世界政治与国际格局及中国的战略环境产生了深刻影响，包括："权力东移"加速、"西方民主优越论"与"西方文明优越论"受到重创、东亚在全球地缘政治格局中的首要地位更加突出、民众的三观（政治观、国际观、安全观）发生变化。在"后疫情时代"，中国既有机遇也面临挑战。中国应坚持"咬住发展不放松"的既有策略，坚持参与和推进全球化、支持联合国及二十国集团等在国际秩序改革中发挥主导作用、坚持推进东亚区域合作等。对于中美关系，则要冷静应对，坚持以两手对两手。

## 一 疫情将深刻影响世界政治与国际格局

新冠肺炎疫情肆虐对世界政治、国际秩序与国际格局的影响可从器物层面和非器物层面得到解析。

第一，**新冠肺炎疫情对世界各地区、各国的冲击程度呈现不平衡态势，必将刺激国际力量对比出现新变化**。美欧在新冠肺炎疫情中受创最重，迄今疫情在美国仍处于扩散态势，欧洲疫情虽然得到遏制，但反弹压力依然很大。美国警察暴力执法致一名黑人死亡引起的反种族歧视运动在美欧风起云涌，既不利于美欧加强抗疫，也将影响其经济活动。疫后美欧等国在全球经济、贸易中的占比将进一步下滑，而东亚国家的占比将进一步上升。中国按汇率计价的 GDP 总量超美时间表可能因此而提前。

第二，**"西方民主优越论"及"西方文明优越论"等政治"神话"遭重创**。冷战结束以来，美欧等国一直高调宣扬其以"三权分立""权力制衡""一人一票"等为支柱的政治体制，以及其以"绝对个人主义"为核心的文化是人类"楷模"。然而，面对新冠肺炎疫情，美欧等国政府或者不作为、乱作为，或者因权力制衡而产生的各种制度性牵制而难以作为，其民众则以坚守其所谓"绝对自由""绝对个人主义"等为由，不肯配合政府的抗疫举措。美欧等西方国家应对新冠肺炎疫情的失败，应归因于其制度、文化、文明的失败而非其物质性力量不够用，其长期自吹自擂的制度、文化与文明优势等神话被戳穿。

第三，**疫后欧洲地位将进一步下降，全球地缘政治中心由欧洲—大西洋地区向东亚转移的历史进程大大加快**。近代以来，欧洲一直是全球地缘政治中心。在此次疫情肆虐过程中，欧洲主要国家先是不作为，把新冠肺炎疫情说成"黄种人的病"，而后是"各扫门前雪"，或者追求所谓"群体免疫力"，再往后则相互以邻为壑、争抢抗疫医疗用品。欧盟各机构在欧洲各国抗疫过程中同样表现不佳，所谓欧盟凝聚力、欧洲一体化的"皇帝新衣"也被新冠肺炎疫情戳破。疫情过后，欧洲的"疑欧"势力将再度抬头，是否有更多的国家仿效英国而"公投脱欧"尚在未定之天。相比之下，东亚地区的中日韩等国在新冠肺炎疫情期间却能做到守望相助，为推进东亚一体化积累了凝聚力和感情基础。**欧盟凝聚力下降较其经济力下滑更可能削弱其国际影响力**，也更能催化世界地缘政治中心由欧洲向东亚转移进程加速完成。

第四，**新冠肺炎疫情肆虐及全球"战疫"将深刻影响人们的多种观念**。一是影响人们的安全观。疫情警示全人类，类似新冠病毒大规模传染性疾病的流行，是人类未来最直接的安全威胁之一，人类必须为此做到有备无患。**二是影响人们的发展观**。近代数百年来，以高消费、高享受、高消耗、高浪费为主要特征的西方发展观及其发展模式也同样为国际社会所顶礼膜拜。此次新冠病毒肆虐使得全世界手忙脚乱，无疑与这种西式发展观和发展模式的泛滥有直接关系，并促使人们反思由"四高"驱动的西式发展观和发展模式的种种弊端。**三是影响人们的国际观**。新冠病毒的肆虐与扩散过程表明了一个生物学上的铁逻辑："病毒无国界"。要战胜新冠病毒或是其他的传染性疾病，需要世界各国树立"人类命运共同体"理念，齐心合力、共同应对。

## 二 "后疫情时代"世界将有哪些变化

当前这场人类应对新冠病毒的"新型世界大战"必将导致世界政治、国际格局及中国的战略环境发生巨大变化。

第一，**全球化将在曲折中继续向前推进**。疫情期间，世界经济、贸易及产业链受到重创，一些西方国家甚至公然唱衰全球化。然而，新冠病毒肆虐全球也突出了人类同呼吸、共命运、相互依存的国际现实，没有任何一个国家可以通过闭关锁国而实现繁荣、发展与安全。疫情过后，全球经济、贸易及产业链将逐步恢复，全球化将继续向前推进而不是倒退。当然，各国可能更加关注实体经济，一些发达国家可能出现实体经济"回归潮"，但**这些不过是对全球化过程的局部调整，不会导致全球化全面倒退**。

第二，**世界局部动荡有可能加剧，但全球战略稳定的基础不会被破坏**。受新冠肺炎疫情打击，美欧今后将减少国际"介入"，美国在将其国际关注点聚焦东亚的同时，极可能加紧从世界其他地区收缩。在此情形下，世界上一些传统性动荡区（如中东、北非）的地区冲突可能加剧，核扩散、小武器扩散、跨国犯罪、民粹主义等有可能暂时上扬。然而，中美俄等大国的战略关系仍将保持相对稳定。

第三，**世界地缘政治中心由欧洲转向亚太的"权力东移"正在成为国际现实，中国及东亚国家的国际话语权增强**。目前东亚中日韩及东盟的经济、贸易总量之和，已经超过欧洲和北美。美国将更多地参与亚太事务，俄罗斯、印度和中东国家等也会加大"东向"力度，一些欧洲国家，也可能以单个国家身份加强与东亚及中国的合作。世界地缘政治中心东移对中国是机遇也是挑战，考验我们的战略智慧。

第四，**联合国及二十国集团（G20）等将在全球治理中承担更大的责任，全球治理的内涵与方向也会有变化**。疫情期间，七国集团（G7）悄无声息，欧盟也未发挥大的作用，而联合国及G20则成为指导全球战疫的指挥部。这反映了国际秩序的新变化，也预示着全球治理今后将在联合国及G20的旗帜下进行。冷战后美欧等曾主导过全球治理，但他们是打着全球治理的旗号借机"治理"非西方国家，使全球治理及全球化变成"美国化""西方化"的代名词。今后的全球治理将发挥联合国、G20及中国和东亚国家的作用，承认政治体制多样化、发展模式多样化、国际权力多元化以及西方与非西方平等的原则。

## 三 中国如何应对？

中国经贸受疫情影响较美欧日要小，抗打击力和灾后重建能力也强于美欧日；中国经济以实体经济为基础，且规模大、低中高产业较齐全，利于中国在世界经济产业链重建过程中抢占有利位置；中国在此次"战疫"过程中显示了制度及政治文化优势，周边国家、发展中国家及联合国等国际组织尤其重视与中国的合作；"战疫"成功更是大大提升了全国人民的道路自信、理论自信、制度自信、文化自信。中国要在"后疫情时代"提振信心，采取积极举措，化危机为转机。

第一，**继续坚持"发展是硬道理"原则**。此次中国之所以能迅速遏制住新冠肺炎疫情，与改革开放40多年积累的强大物质基础有关。尽管如此，中国人均GDP只及美国的1/6，高端科技及产能与西方相比还有很大差距。鉴此，在"后疫情时代"，中国仍应坚持"咬住发展不放松"，尤其要重点弥补发展的"短板"，加强高端研发创新，加紧发展中西部。

第二，**坚持推进全球化，在全球产业链调整中抢占制高点**。此次新冠肺炎疫情对全球产业链产生了强大冲击，一些国家有意强化实体经济、强调"自给自足"，反全球化思潮有可能卷土重来。冷战结束以来，中国通过积极参与全球化促进了发展，今后仍应以积极姿态参与全球化，在经贸投资方面要努力恢复在全球产业链中的既有地位并乘势扩大活动范围。政治上则要推动全球化朝多元化、多样化方向以及"去美国化""去西方化"的方向发展。

第三，**积极参与国际制度建设，支持联合国及G20等在国际事务中发挥主导作用**。"后疫情时代"国际秩序及国际制度将出现重大调整，西方及其代表性组织 G7 的影响力正在下降。中国在支持联合国及 G20 发挥作用的同时，还应继续推进上合组织、金砖国家组织等发展中国家的国际组织建设。

第四，**积极推进东亚区域合作，加强中国的主导作用**。中国在此次东亚抗疫过程中发挥了大国应有的作用，在东亚的威望再次提升。中国可乘势一方面推进以中日韩合作为主体的东北亚区域合作，推动朝核问题合理解决，另一方面推进与东盟合作，支持"东盟＋"机制，使之与东北亚区域合作实现整合，并相机推动上合组织与东亚各区域组织实现全区域整合。

第五，**中美关系求稳，力避中美间出现大的冲突**。2020 年是美国的大选年，两党为争取胜选，不仅竞相"污名化"中国、炒作中美"脱钩论"等极端言论，还在中国台湾、香港、南海、贸易平衡、市场准入、知识产权及军备建设等方面做文章。对此我们要准备进行有理、有利、有节的斗争。从近中期看，中美仍将维持有竞争也有合作的复杂关系。**中国要做到"该合作时就合作"，力争中美关系不破裂。**

（中国第二次世界大战史研究会副会长、<br>国际关系学院教授　林利民）

# 新冠肺炎疫情下的世界变局及中国抉择

**本文要点：** 新冠肺炎疫情从外部冲击着处于危机、萧条和动荡边缘的全球经济与政治。全球政治经济体系呈现出五大变化：美国霸权危机、地缘政治经济竞争加剧、西方国家经济主权危机、西方社会新冲突和种族格局的变动、西方文明与非西方文明力量平衡的变化。中国需要遵循美国借由其所主导的国内与国际制度而向发展中国家转嫁代价与危机这一规律和事实加以抉择，立足国内经济大循环，严防输入型危机发生；突显经济增长的社会逻辑，兼顾国家总体安全；巩固经济大国地位，发挥仁智大国影响力，推进新时代人类命运共同体的战略性实践。

## 一 新冠肺炎疫情背景下全球经济政治变局

新冠肺炎疫情不仅事关人的生命安全和身体健康，而且涉及与人相关的财富、资源、物资以及领土等政治经济问题。特别是在全球抗疫期间，社会流动性达到最低限度，然而高社会流动性是促进经济增长的关键。美国所主导的系统性金融扩张的内在资本逻辑从根本上形塑着全球政治经济的体系性变化。

**（一）美国霸权危机**

全球政治经济体系的变化根源于物质扩张时期与金融再生和扩张阶段的交替更迭。在物质扩张阶段，货币资本使越来越多的商品（包括商品化的劳动力和大自然的恩赐）开始运转；在金融扩张阶段，越来越多的货币资本从商品形式中自我解放出来，通过金融交易不断进行，而且金融交易很大程度上从商品贸易和商品生产中脱离。金融扩张标志着在一个特定的国家特定的物质扩张进入衰退期。对金融市场上资本的激烈竞争使得贸易和生产扩张减速，致使收入和财富从各种团体向控制流动资本的机构再分配，使其收益性膨胀维持下去。一方面，金融扩张暂时使衰落中的美国权力膨胀，阻止全球政治经济体系崩溃。另一方面，金融扩张扩大和深化了国家间、企业间的竞争与社会冲突，将资本重新分配给那些允诺有更大安全性和更高回报的新兴力量。

美国霸权危机是 20 世纪 70 年代以来美国金融扩张长期演变的产物。正如西方学者阿锐基所言，"一旦金融扩张所导致的经济、社会和政治方面的再分配难以为继，金融扩张必定气数丧尽。这方面唯一还存在的问题是目前这一毫无规制的市场会在多快的时间、以多么严重的程度崩溃。"**金融扩张只是暂时性现象，或早或晚地会以灾难而结束，最终取决于美国如何应对危机。**美国可以放弃现在的帝国主义模式，在国内进行大规模的财富重新分配或通过国内安排来寻求解决资本过剩的方法,然而**美国仍然实行"量化宽松"政策以嫁祸全球,必然加速其所主导的霸权秩序的灾难性崩溃**。

(二) 地缘政治经济竞争加剧

一方面,随着劳动分工的地理扩展和劳动过程一体化而形成的越来越复杂的生产体系,资本积累、国家间体系在地缘政治上不断扩展和深化。另一方面,美国将地缘扩展和空间重组视为新冠肺炎疫情背景下解决美国国内政治经济危机的方案之一。当苏联解体时,以美国为代表的世界金融帝国将苏联、东欧等纳入西方货币体系,为西方体系注入了新要素,又重新享有其权力。

**资本的物质扩张正从北美转向东亚,加剧了为生产性资源而争夺的趋势**。目前东亚作为世界范围资本积累过程中最富有活力的中心而兴起。东亚区域政治经济动荡是新兴世界中心的典型问题。目前来看,中国被美国重新想象为其霸权的对立面,然而问题的关键在于东亚政治经济将逐渐以中国为中心,还是仍处于以美国为中心的世界资本主义体系的外围。如果市场力量不足以实现将具体国家或机构纳入资本主义体系,那么美国就要在中国周边地区和国家动用其(显性的或隐性的)军事力量、政治力量。

(三) 西方国家经济主权危机

在疫情防控中,决定政府以何种体制运作的核心是财政税收。**西方国家主权危机很大程度上是经济主权危机,尤其是金融主权危机和财政主权危机**,弱化了国家在控制世界范围内资本积累的社会和政治环境的能力。美国国内和国际行动自由受到更多经济方面的限制,特别是国家财政赤字及其危机。**美国财政危机的实质就是富有阶层控制政府,而且政府主导减税,改变收入分配格局**,制造了许多富可敌国的大富翁,却导致了民困国穷,以致政府连维持基础设施和办教育、防控疫情的资金都拿不出来。当美国联邦政府无法解决这种财政危机时,它们破坏了资本主义企业所需要的可以相对理性冒险的稳定社会政治环境。

### (四) 西方社会新冲突和种族格局的变动

大多数世界人口在与处于中心地位的发达国家的互动过程中不断被边缘化，因而国家间或国家内部的财富分配极不平等（发展中国家生产，发达国家消费；发展中国家储蓄，发达国家借债）。**在全球抗疫之际，世界福利将成为一种关键性政治变量而升至首要地位**。正规教育、健康服务和营养性食物分配等福利制度将成为全球政治经济体系的一个支柱。当新冠肺炎疫情所涉及的基本健康问题非常迅速地扩展，超过了国家或世界健康保障体系的应对能力时，其带来的秩序振荡将会变得难以控制。特别是**美国的系统性金融扩张带来巨大的收入再分配和社会错位，促成了社会冲突的激化**。恐惧、怨恨、排斥、抱怨、幸灾乐祸和愤怒成为美国媒体上的高频词，预示着未来几年美国新的社会冲突。新的社会冲突很可能反映更大范围的世界劳动力空间格局和种族格局的变动。在全球抗疫中，种族主题并未消失，而是在国家种族主义、民族主义中呈现出来。

### (五) 西方文明与非西方文明力量平衡的变化

西方文明与非西方文明之间的冲突与融合是全球进程中的历史现象。在全球政治经济正从西方体系转变为全球体系的过程中，文明间的冲突某种程度上是由于西方在全球政治经济中的支配地位滋生怨恨，更多的则是由于西方的优势成为宣传西方利益、观念和价值观的工具。在中国、韩国、新加坡、日本等亚洲国家抗疫中，以儒家思想为核心要义的东亚文明或亚洲价值观彰显了其优势，不可避免地与美国及其西方文明所依赖的信仰和权威体系发生冲突。现代世界转变为一个诸文明共同体过程中的重重困难，反映着西方文明与非西方文明之间变动的力量平衡。

## 二　世界大变局与中国抉择

在百年未有之大变局中，中国抉择需要遵循美国借由其所主导的国内国际制度而向发展中国家转嫁代价这一规律和事实，秉持人类命运共同体理念，推进新时代战略性实践。

**（一）立足国内经济大循环，严防输入型危机发生**

高筑墙，强防御，防止输入型危机。实现国内经济相对自我循环，减少对美国市场的依赖而转向亚洲、欧洲与非洲市场，推进以人民币双边结算或易货贸易。特别是**要捍卫经济主权、金融主权与财政主权**。

美国1974年才放开资本管制，加拿大、德国、英国等在1980年前后才放开资本管制。然而从1980年开始，许多发展中国家自愿或被迫放开资本管制，走上了资本自由化之路。**发展中国家的金融危机是一场全球金融自由化运动的后果**。日本、澳大利亚以及欧洲各国则严格把关、严防外资（资本化的纸币）渗透和控制本国主要技术、资源和产业，始终没有把境外的美元纸币作为刺激本国经济的手段。

**（二）突显经济增长的社会逻辑，兼顾国家总体安全**

以国家总体安全观的高度和视野，广泛积累粮食、能源、货币、教育、医疗、科技、军队等方面的储备，特别要以政治措施积累和控制资本，以社会价值约束盈利冲动，保持贸易限制与鼓励并进，适当保持工农业比例，尤其是提高农业生产力。为此，中国要避免纯粹经济学看问题的方式，而是要强调经济增长的同时并不忽视保卫社会的逻辑，**将经济置于更大范畴内思考**。

最为关键的是，**要积累中国本土思想**，摆脱对西方思想的依赖，从而以中国智慧支撑起中国在全球政治经济中知识与道德的领导角色；要培养人才，造就伟大的政治家、深邃的思想家、战略的金融家与外交家、传道的教育家、工匠的科学家等各行各业人才。因而中国既要兼顾物理和社会基础设施的投资（例如交通和通信网络以及教研机构等），又要加大人力资本的投资，更加突出和强调社会福利及民本主义目标。

**（三）巩固经济大国地位，发挥仁智大国影响力**

过犹不及，因而中国有必要敏锐地洞察中国地缘政治经济条件，以"不称霸"的方略吸收大国目标与国家资源不匹配而导致国家衰亡的历史经验，**维系美、欧、亚多中心相对平衡，推进多极化发展趋势**，避免二元对立的两极化思维和话语，以"正德、利用、厚生、唯和""人心唯危，道心唯微；唯精唯一，允执厥中"的中国政治经济哲学之道由经济大国迈向仁智大国。

中国需要总结出符合人类安全基本需求的本土知识和经验，进行政治经济自我治理，开拓出不同的发展道路，重组全球政治经济体系，以解决美国霸权危机所遇到的问题和矛盾。从既定的治理、积累和社会凝聚模式的一系列断裂中构建全球政治经济新秩序，为推动构建人类命运共同体贡献智慧和力量。

（中央财经大学国防经济与管理研究院研究员　白云真）

# 新冠肺炎疫情与资本主义的未来

**本文要点：** 西方国家抗疫不力、政治腐败、经济金融脆弱和意识形态极化暴露出资本主义社会内部矛盾尖锐、亟须变革而无计可施的窘境。疫情冲击加剧了金融系统的脆弱性，凸显全球生产网络的风险性，因此全球生产网络将向风险与效率的再平衡转变。由于全球生产网络加剧了国际无产阶级的内部竞争，困境中的无产阶级容易被民粹主义、反智主义和种族主义等极端意识形态操纵，极端冒险主义登堂入室风险加剧。针对世界资本主义的危机，我们要在各个方面做好应对更坏局面的准备。

20世纪70年代末以来，新自由主义政策虽然使资本主义国家走出了"滞胀"危机，但却是以资本主义各种矛盾的不断积累和加剧为代价。新冠肺炎疫情使资本主义制度旧症新病一起暴露，呈现从公共卫生到政治、经济乃至意识形态的系统性危机。疫情冲击既会引发"弹性形变"，也会引发"塑性形变"。两种形变如何发生，新自由主义乃至资本主义制度何去何从，归根结底取决于资本主义基本矛盾的发展，特别是垄断资本、无产阶级和政治国家之间的博弈。

## 一　疫情加剧资本主义经济基础的危机

### 1. 资本主义国家的大规模干预只是权宜之计

疫情面前，长期奉行新自由主义政策的国家将大规模干预提上议事日程。英国保守党政府推出第二次世界大战以来对私营部门最大规模的干预政策。美国等国采取强力救市措施并实施了空前的临时转移支付政策。在西方国家的大规模干预的背景下，左翼与右翼阵营都出现了这样的看法：新自由主义即将因疫情寿终正寝，国有化、国家干预甚至社会主义将取而代之。

然而**新自由主义是否会终结，不取决于其理论或政策是否科学或合理，而是取决于统治阶级赖以维系统治的经济和阶级基础是否发生了质变**。因此，尽管遭遇意识形态话语权危机，但由于其经济和阶级基础并未被实质性动摇，推动大规模干预的力量恰恰是垄断资本。新自由主义更可能在固守其核心逻辑的前提下，通过资本主义生产组织的演化来应对危机。

**号称反对国家干预的新自由主义其实高度依赖国家**。国际金融危机时，政府对金融部门的大规模纾困以及新冠肺炎疫情期间美联储的救市行动都不是在终结新自由主义或转向国家干预主义，而是试图尽快使新自由主义的"常态""昨日重现"。垄断资本只是将大规模干预当作应对外部冲击的可逆响应，这也必然使资本主义经济制度的危机持续积累。

**2. 新冠肺炎疫情加剧了资本主义经济金融风险**

抗击疫情需要经济社会本身具有足够强的韧性。然而资本主义国家长期奉行的新自由主义政策恰恰使整个社会处于矛盾尖锐的脆弱状态，从而极大压缩了政府在抗疫和防止衰退间腾挪的空间。因此西方国家即便实施了大规模干预，疫情依然引发严重连锁反应，且在一段时期内仍将持续。

**全球生产网络在实现资本主义生产高效率的同时也使供应链敏感而脆弱**。复工复产不仅取决于本国疫情和政府意志，还高度依赖供应链上下游的疫情发展，更要面对疫情出现反复的可能。由于新自由主义体制下大量家庭依赖信贷，企业也高度依赖金融市场，本就不稳定的银行部门和金融系统面临更严峻的挑战。大量企业贷款和家庭债务的拖欠有可能引发连锁性的信用危机，如果进一步影响到生产网络中处于关键节点的企业，甚至可能引发更严重的系统性危机。

**金融资本主导的积累体制已成尾大不掉之势**。为了防止股市崩盘并维持金融市场稳定，美联储不惜推行无上限的量化宽松政策，致使其资产负债表迅速膨胀。同时，欧洲的债务水平也不断飙升，再度加大了金融系统的压力和脆弱性，为下次金融危机埋下种子。但应对下次危机的政策空间已快被国际金融危机后的新自由主义扩张以及本次疫情期间的大规模干预消耗殆尽。**新自由主义的"泡沫—危机"循环将更加脆弱，金融危机的爆发极易发展为经济危机并进而导致社会和政治危机**。

**3. 新冠肺炎疫情推动资本主义生产组织演化**

新冠肺炎疫情不会终结全球化，但突显了全球化的风险。逆全球化因素虽然增长，但推动全球化的核心力量特别是垄断资本和跨国公司并未被实质性削弱。**在疫情刺激下，资本主义生产组织在宏观上可能从高度追求效率的全球化向效率与风险的再平衡**转变**：重建国内生产、近岸外包、区域化、缩短或分散供应链可能成为全球生产网络的新趋势。在2008年国际金融危机后，美国等中心国家就已布局重振或升级制造业。新冠肺炎疫情再次刺激中心国家重新评价经济利益与公共安全、全球化与经济主权之间的关系。全球生产网络是否会如发达资本主义国家政府谋划的那样变革，主要取决于政治国家与跨国资产阶级的博弈。

**全球生产网络的微观基础跨国公司的变化同样值得注意**。疫情促使企业布局更大规模的服务外包，互联网和高科技企业借疫情推行员工在家远程办公。服务外包的扩张以及远程办公的大规模推行可以使资本拥有更灵活高效剥削劳动的能力，特别是跨国资本剥削第三世界国家廉价服务劳动的能力。这种能力每增强一分，中心国家工人劳动的不稳定性就增加一分，阶级和社会矛盾就可能激化一分。

## 二 疫情加剧了资本主义上层建筑的危机

### 1. 极端冒险主义登堂入室风险加剧

虽然新冠肺炎疫情使西方社会阶级矛盾进一步深化，但当前西方的工人阶级远比第二次世界大战后的工人阶级阶层更复杂且力量更弱。全球生产网络使中心国家和外围国家的无产阶级形成竞争关系并导致国际无产阶级内部的分裂；中心国家拥有较强集体意识和组织纪律性的产业工人规模缩小，取而代之的是高度原子化的服务业工人；真正的工人阶级政党往往党员人数不多、组织动员能力较弱且脱离群众，政党活动高度围绕选举展开而出现短视、迎合舆论等弊端，难以提出科学的革命理论和有效的斗争策略。相反，**垄断资本力量依然强大，疫情没有导致西方国家阶级力量格局的重大变化，因此资本主义的重大变革和新自由主义**

**的消亡仍难以出现**。除非世界政治经济秩序有重大变故，在既得利益集团的阻挠下，主要资本主义国家事实上急需的缓解矛盾的改革政策难以被采纳和实施，甚至难以出现在这些国家政府的议程中。

在这种阶级格局下，由于无法进行严肃反思，更无力提出真正解决矛盾的理念和政策，西方国家的统治集团将进一步转移矛盾，操弄民粹主义、反智主义和种族主义，意识形态上可能将更加极化和右倾，极端冒险主义（如法西斯主义）登堂入室乃至爆发战争的风险将加大。而大量生活在困苦和失望中的民众在缺乏科学的革命理论引领的情况下可能成为极端意识形态滋长蔓延的土壤。

**2. 美国霸权危机使战争风险加剧**

在世界资本主义体系的历史中，每个时代总会有霸权国起主导作用。一方面利用其经济、政治、文化、技术和军事等方面的霸权维持现存秩序，另一方面充分利用霸权地位攫取利益。霸权地位和世界体系的维系，不仅需要霸权国在经济、政治、文化、技术和军事等方面处于优势地位，而且需要付出成本以维系平衡并换取其他国家的支持和服从。**但随着新自由主义模式资本主义的各种矛盾不断被激化，美国的优势相对削弱，越来越难以维持，美国霸权开始松动**。特别是特朗普入主白宫以来，不仅试图继续从这个体系中更多地攫取利益，而且越来越不愿意承担维持其霸权的成本，越来越不顾及第二次世界大战结束以来美国赖以维系霸权的意识形态话语，甚至不惜打破其主导建立的各种事实上有利于美国且已运转多年的规则，并退出各种国际组织，加剧了霸权危机。

美国政府在疫情中的恶劣表现、种族主义引发的抗议和骚乱、赤裸裸地利用霸权打压中国企业等，不仅是霸权衰落的表现，而且必将加速霸权衰落的进程，并加剧世界资本主义体系的危机。

## 三 结论与对策

西方国家抗疫不力、政治撕裂、经济金融脆弱和意识形态极化反映出资本主义社会在垄断资本统治下亟须改革而不得的困局和危机。社会主义革命的条件在西方国家尚不成熟,因此除非资本主义如第二次世界大战前后那样向改良主义发展以暂时缓解矛盾,否则肆意滋长的极端意识形态很可能比新冠肺炎病毒更具杀伤力。

制造业空心化、医疗卫生市场化和收入两极分化会极大削弱一个社会面对疫情等突发公共事件的韧性,这是已由西方国家和印度、巴西等国证明了的。因此**在以"双循环"战略应对中美经贸摩擦、疫情冲击以及全球生产网络演化时,须重点关注中低收入群体和社会公平正义。**

中国经济在资本主义世界深陷疫情和危机难以自拔之时已开启复苏,必然且已然成为霸权国严防死守的头号目标。中国应抛弃幻想并保持战略定力。疫情证明,在以民族国家为政治单元的世界体系中,在农业、制造业、金融业等关乎国家安全的领域的对外开放中必须坚持底线思维。**中国在坚持对外开放的同时必须坚持独立自主,将国家安全纳入经济社会发展的总体规划。**

(清华大学马克思主义学院副院长、副教授 朱安东
清华大学马克思主义学院博士研究生 孙洁民)

# 中国应对前沿生物技术安全威胁的对策

**本文要点：** 当前，全球生物技术创新所形成的生物技术安全威胁是中国生物安全面临的新情况，属于非传统安全问题。应警惕西方以基因编辑、基因驱动、合成生物学为代表的前沿生物技术的进展，在高致病性病毒的设计合成、生物性状的重大人工改变、"已灭绝"致病性病毒的人工"复活"、改变人类特定种群数量等方面对中国军事、经济、社会和生态安全形成的潜在威胁，亟须从战略规划、监管体系、法制保障、科技支撑能力等方面完善生物安全监管机制。

## 一 前沿生物技术发展的背景

**一是高致病性病毒的设计合成技术**。近年来,诸多前沿生物技术的操作"瓶颈"屡被突破,加之合成人类基因组国际计划启动,目前人工设计并合成高致病性病毒的可能性很大。

**二是针对生物性状重大改变的人工技术**。最新型基因组编辑技术可在短时间内完成对病原体、动植物甚至人类的生物性状重大改变,且甄别生物体是否进行了基因编辑操作的难度进一步加大。该技术已于2016年2月被美国情报机构的年度《全球威胁评估报告》列入"大规模杀伤性武器威胁清单"。

**三是"已灭绝"致病性病毒的"复活"技术**。合成生物学技术已可实现针对"已灭绝"致病性病毒的"复活技术"。2018年加拿大病毒学家通过邮件订购的方式获得遗传基因片段,已成功合成了类似天花病毒的马痘病毒。

**四是改变人类特定种群数量的基因驱动技术**。该技术通过刺激特定基因的有偏向遗传,可被用以降低人类生殖能力、改变人类特定种群数量,还可能被用来制造昆虫武器,进行登革热、寨卡等大规模疫情的跨国传播。

## 二 前沿生物技术引发的生物安全威胁

**一是对传统生物武器的升级和颠覆**。美国军方已明确提出基因合成技术可将传统生物武器攻击范围扩大至包括"损毁橡胶和金属零件、降解燃料、食物及设备"等非生命物质;基因驱动技术可实现生物武器的"非活性"投送载体;基因编辑技术可将对人类、动植物的关键核糖核酸功能的破坏提升到前所未有的精细度,制造出更具有"针对性"的基因武器。

**二是生物恐怖主义潜在风险凸显**。由于生物技术门槛的日益降低，加之关键实验材料获取的便捷化，大大加剧了生物恐怖主义活动的可能性，恐怖分子利用生物技术进行恐怖活动的企图越发明显。一旦出现生物恐怖主义事件，其受害范围、扩散速度和影响与传统恐怖主义活动不可同日而语。

**三是生物实验室操作不当引发的安全威胁**。由于动物病原体种属屏障频被突破，导致新发和烈性传染病为人畜共患疾病的概率大幅度提升，加之人工合成病毒在感染能力、扩散能力、致死能力和逃逸能力等方面较天然病毒能力更强，对病毒溯源涉及的范围更广、难度更大，稍有不慎就会引发操作人员感染或病毒外泄，继而造成安全隐患。

## 三 对策建议

### （一）推进生物技术安全体制机制建设

第一，**制定中国生物技术安全国家战略规划**。建议在中央国家安全委员会下设生物安全专门委员会与职能部门常规工作小组，形成党中央直接领导下的国务院联防联控机制，聚焦最近3—5年，着眼于未来20—30年，**编制面向生物技术安全的中长期战略**。论证和制定基因编辑、基因驱动、合成生物学等两用生物技术发展规划，积极抢占未来国际前沿生物技术的制高点。

第二，**尽快完善中国生物技术安全监管体制机制**。坚持以政府为主导，以公共安全为监管核心，在平衡生物技术利益和风险之间关系的基础上，形成"管促结合""可调可控"的动态管控机制。一是在现行国安办生物安全委员会协调管理机制之下，**成立生物技术安全专家咨询委员会**，为前沿生物技术安全防范提供专家咨询与指导；二是**建立各地方配套管理体系**，各省、自治区和直辖市成立生物技术安全办公室（行政）及地方专家咨询委员会，形成从中央到地方的生物技术安全网络式管理体系。

第三，**推动生物安全智库建设**。生物安全智库将成为未来健全全球生物技术安全合作的重要机制之一。美国已形成了大学、科研机构、企业和非政府组织等不同类型、不同侧重、不同层次的生物安全智库群。中国生物安全智库应在国际生物安全治理领域积极发出中国声音，系统介绍中国生物科学家的主张，**不断推进与其他国家智库建立"生物技术安全二轨对话"机制**。

第四，**强化国家生物安全人民防线建设**。社会公众对国家生物安全防范的认可度，包括对生物技术安全的认知程度将影响其执行国家各项政策法规的自觉性，直接决定国家生物安全建设的最终成效。建议系统调研中国公众对生物技术安全的理解、认知、可接受性及相应的科普需求，重视中国生物科学家群体对公众认知和参与的建议，**建立符合中国生物技术安全需求的科学传播路径和科普平台**，在生物科技成果的推广应用方面形成常态化的沟通参与机制。

（二）推进生物技术安全法治体系建设

第一，**遵循生物技术安全的法治原则**。一是人民利益优先原则。明确生物技术必须以促进人民健康福祉为宗旨，综合考量经济效益和社会效益，警惕可能出现的风险与危害。**二是权责明晰原则**。法律法规应对各级政府的生物安全监管权限和责任，作出清晰明确的具体规定，在操作运行方面不留死角和空白，同时各级政府监管机构必须具备通过技术手段对潜在风险进行监测与识别的能力。**三是风险预防原则**。它是绝大多数国家普遍采用的生物安全监管原则，是成本最低也是最为有效的管理原则，强调对建立科学发展安全风险评估的重要意义。**四是分级管理原则**。根据安全风险等级的不同，对生物技术的风险评估、事故报告、科研诚信记录等采取有区别的监管对策。**五是全程控制原则**。将包括科研立项审批、研究实施、成果传播、科技普及、国际交流等环节的科学研发全周期、全过程都纳入监管范围。**六是动态监管原则**。根据前沿生物技术发展的特征和趋向，动态调整和完善监管的手段与措施。**七是国际合作原则**。国际生物安全面临复杂形势，中国应本着平等互利原则与各国开展广泛的沟通与合作。

第二，**完善法律法规体系**。根据生物技术内容和范围，中国生物技术安全法律法规体系应由四个层次构成。**第一个层次**：具备统筹各种社会关系的统领性、基础性法律《**生物安全法**》，对涉及生物安全的立法目的、基本原则、基本制度、管理体制、管理程序、违法责任等作出全面规定。**第二个层次**：由国务院颁布涉及生物技术安全的**综合性管理条例以及《生物安全法》的实施细则**，对生物技术安全监管作出全面、具体的规定。**第三个层次**：由国家科技主管部门在2017年《生物技术研究开发安全管理办法》的基础上，加快出台《**生物技术研究开发安全管理条例**》，以弥补缺乏必要惩治效力的不足。**第四个层次**：各省级政府通过**地方立法出台相应的规定与措施**。

第三，**注重多方主体共同参与的"软法"体系建设**。前沿生物技术涉及科学家群体、科研机构与组织、学术期刊、产业界和公民等**众多利益主体，需要充分的对话协商**。特别是要加强科学家群体的生物技术安全教育，增强风险意识，培育负责任的科研氛围，强调生物科学家自身的职业责任感，突出科学家群体对自我行为约束的主体性和自发性。因此，生物技术安全领域的指南、规范、准则等"软法"建设，在创制主体、制定程序、规则实施和规则遵守等各环节均需体现出更多刚性化、自律化精神。

## （三）推进生物安全科技支撑能力建设

第一，**明确前沿生物技术发展的优先方向和技术路线**。首先，加大财政投入，加强基础设施建设，**建成一批生物安全国家级重点实验室**。其次，**加大病原体溯源及传播监测的科技创新能力建设，强化疫情预警能力**。以美国为首的发达国家近年来加大了对病原体进化规律、病毒传播规律、人与动物间潜在中间宿主形成规律三大方向的研发力度，建议中国提前布局面向未来的人工合成病原体快速甄别技术。最后，根据《人间传染的病原微生物名录》中第一类危害等级的病原体，**建立中国高致病性病原体数据库及风险直报系统**，提升旨在预测病原体暴发和疾病传播进程的科技防御能力。

第二，**大力培育和扶持复合型人才队伍建设**。培养瞄准国际前沿的基础研究人才、立足应用的技术创新人才、与产业密切对接的技术应用人才以及具备多学科知识背景的生物安全防控和监管人才。建议积极开展国际交流与合作，学习先进监管经验和做法，积累生物技术安全领域的典型案例和有价值的信息及数据，为维护国家生物安全发挥科技人才支撑作用。

第三，**加强生物安全学科建设**。生物安全是一个新兴交叉领域，需要既熟悉生物技术，又通晓国际规则的人才。中国从事生物安全领域研究的人才较少，相关学科建设尚未形成体系。建议在高水平大学加快设立交叉领域的独立学科、设立研究生学位点、制订系统培训计划，培养生物安全领域专业人才；布局生物安全国家重点实验室，聚合生命科学、计算机、公共管理、法律等学科的交叉研究，发挥应对生物安全的学科支撑作用。

(天津大学人类遗传资源法与政策研究中心副主任、
法学院副教授　薛杨)

# 建立和完善生物安全防护体系的几点建议

**本文要点**：此次新冠肺炎疫情表明，我们应超越一般的公共卫生视角，从国家战略安全的角度来看待生物安全问题。我们需要做好应对生物安全威胁的战略储备和制度设计：一是提高对生物安全问题的预警能力，建立生物安全预警系统；二是设立具有权威性和前瞻性的国家科技顾问；三是细化生物安全应急预案并进行公众教育和演练；四是进一步完善战略物资储备体系的建设；五是积极开拓和用好国际资源，加强国际合作与海外布点。我们需要在生物安全及其他高科技领域的国际竞争中占据更有利的位置，进而更好地维护好人民群众的安全和利益。

新冠肺炎疫情让人意识到生物安全问题具有前所未有的严重性。中国在此次抗疫中表现出了强大的应战、动员、生产和凝聚能力，但生物安全问题的隐蔽性和突发性仍像高悬于顶的利剑，要求我们作出新的设计和安排。

## 一　生物安全问题的挑战性

此次新冠肺炎疫情引发的思考，显然已经超出了一般公共卫生事件的范畴，在国家战略安全层面向我们提示了以下内容：

第一，**当今的生物安全问题具有尖端性**。与古时候只能利用自然界已有的疫病传播伤害不同，当代的生物攻击不仅可以主动创制病原体，在将来甚至还有可能利用基因技术来达到改变某部分人或者整个人类的健康安全问题。生物技术早已不同于第一次、第二次世界大战时，但就整个社会心理而言，大众对生物战的印象恐怕还停留在用老鼠和兔子等动物做实验的年代。这种落后的认识不利于快速、有效地鉴别出可能出现的生物安全问题和生物攻击。

第二，**生物安全问题难以归因**。生物安全问题可以悄无声息地发生，有可能是自然因素造成的，也有可能是人为发动的。对于自然因素造成的生物安全问题，因其突然性而难以有效应对。对于人为发动的生物进攻，由于其隐蔽性，受害方很可能在很长一段时间里意识不到，或者无法找出"幕后黑手"。由此可见，缺乏防护和准备会使得人们在生物安全挑战面前极其被动。在当今大国竞争愈演愈烈、地缘安全风险不断上升的背景下，提高对生物安全问题的防范和准备更加重要。

第三，**生物安全问题具有总体性**。生物安全看似一个领域，但应对该问题要求动员方方面面的力量。**首先，生物"安全"不仅是安全部门或军事部门的事情，而是涉及广泛的全局性问题。**

此次新冠肺炎疫情惊动了每一个人，动员了从医疗卫生、军事救援到金融信贷、中小学教育的各个方面。这种状况说明，一旦发生重大生物安全问题，战斗人员与群众的界限将被打破，应对生物安全问题需要整合整个社会的力量。

其次，**应对生物安全问题需要综合性方案**。生物安全问题有很强的科技内涵，强大的科技能力和制造业水平是应对生物安全问题的物质基础。但是，好的应对方案不仅要有物质力量，还必须反映正当的社会伦理，体现高尚的价值导向，符合公序良俗，防范恶意攻击。因此，应对生物安全问题更需要统筹能力，需要打通专业限制、学科分野。

最后，**在全球化背景下，应对生物安全问题不得不考虑国际、国内这两个大局**。一方面，生物安全威胁可能来自海外；另一方面，应对国内的生物安全问题也需要良好的国际与国内环境。因此，处理好生物安全问题需要有调动全局、统筹各方的能力。此次疫情要求我们进一步认清生物安全问题的战略性和复杂性，在国家战略的高度设计出更加全面和环环相扣的处理方案。

## 二 中国应对生物安全挑战的短板

中国当前基本上是在公共卫生和应急响应的层面应对此次疫情。考虑到未来国际关系的不确定性及不排除恶意使用生物技术的可能性，我们应从国家战略安全角度重新审视现有安排。

第一，**提升预警能力**。此次新冠肺炎疫情表明，及早预警是提高应对有效性的关键措施，而如果在战争或生物攻击背景下，及早预警就会更加重要。早期预警也可以降低生物安全威胁来源不明、归因困难的麻烦。当前，中国是在公共卫生医疗系统下设置这一预警反应机制，其覆盖面和反应速度显然难以满足国家安全的需要。因此，从长远来看，**需要将生物安全风险列入国家安**

**全风险预警机制中**。这一风险预警机制不仅是国内医疗系统的数据收集和上报，还应关注重点国家和非国家行为体在生物安全方面的动向，及时提出预警并迅速向战略决策层提供信息。

第二，**加强危机反应的能力保障**。结合此次新冠肺炎疫情应对，中国宜进一步提升以下能力：**一是物资保障能力**。这至少包括两部分：一方面是现有的战略储备，另一方面是后续生产能力。此次疫情初期出现了医疗物资短缺，所幸短缺仅限医疗领域，且中国有强大的制造能力作为后盾。未来宜补足生物医药研究、医疗卫生设施及其他领域的战略储备，并为维护和恢复生产能力提供备用方案。**二是应对危机的指挥和执行能力**。如战略指挥系统如何保全和持续运作，战略指令如何不受阻碍地传递和接收，央地之间及各个系统如何协调与配合等。我们宜将这些问题置于更加复杂的环境中演算，并升级相关的制度性安排和应急预案。**三是动员和安抚社会的能力**。此次抗疫斗争虽然在初期出现了一些慌乱迹象，但整个社会结构稳定，很快恢复了有序状态，并对国家动员作出了正向反馈。我们在安抚社会情绪、动员社会能力方面积累了一些有益经验，对这些经验应该进行充分总结和提炼。

第三，**增加利用国际资源的能力**。在全球化时代，应对生物安全问题必须统筹国际、国内两个大局。在此次抗疫斗争中，中国得到了一定的国际支持，如得到了世界卫生组织等专业机构的肯定，得到了一些友好国家和国际友人的支持以及海外华人的大力帮助等。但相比于善意，在此次抗疫斗争中中国感受到的国际压力和考验更大。比如，在面对某些国家对中国的舆论战时，如何有效反击？在自身比较困难的情况下，如何向国际社会提供帮助和公共物品？在发生重大危机时，如何更好地保护海外华人的利益？面对这些问题，我们需要更深入地思考如何利用国际资源的问题。我们不能仅用国内资源去支持国际行动和海外利益，更要考虑如何在国际上寻找资源，如何将国际平台转化成为我所用的国际资源。

从国家安全的角度看,中国应对生物安全问题的措施还有不少可延展、可提升的空间。当然,要维护一套生物安全防护体系费用会很高,且作为一种危机预案,其成效也未必会很快显现出来。客观地说,生物安全防护要求有成体系的团队、大量的科研投入、长期的后勤维护,其费用对于一般国家而言会是重大负担,这也是大多数国家没有生物安全防护战略的重要原因。然而,对于我们这样一个人口大国,随着综合实力不断提升,国家级的生物安全防护战略已不得不提上议程。**应努力探索更经济高效的生物安全战略,使其与国民经济发展形成良性互动,成为推动高科技发展的助力,同时也能为改善医疗环境和社会治理提供帮助。**

## 三 建立和完善生物安全防护体系的建议

生物安全已上升为国家战略安全问题,需在制度建设、组织结构、资源储备、社会管理及国际合作方面都作出新的探索努力。

第一,**设立具有权威性和前瞻性的科技顾问**。在高科技竞争日益激烈的今天,如何感知高科技领域的发展动向及其对国家安全可能产生的影响,是极其关键的一步,这需要最顶尖的科学家作出判断。然而,对于大多数科学家而言,其本职工作是专业研究,阶段性咨询在很大程度上只能提供科技支撑,但不能从国家战略角度进行筹划。因此,随着高科技竞争在国家安全战略中的比重不断增加,**国家安全战略制定就更需要高科技领域的直接参与**。设置包括生物安全在内的高科技顾问并使其战略预判及时上达决策层,这将有助于我们更早、更快地把握国际安全发展动向。

第二,**建立生物安全预警系统**。鉴于生物安全不仅是公共卫生事件,而且个别人或集团还可能利用生物技术实施攻击,因此,做好生物安全防护需要动用更广泛的安全监测和预警能力,比如,对国内外的相关信息进行收集，对关键材料、技术的追踪和关注，与相关国际机构进行安全防控及信息分享等。

第三，**细化生物安全应急预案并进行公众教育和演练**。一旦发生生物安全问题，糟糕的局面是整个社会无所适从，彻底陷入混乱。为了防止出现这种情况，我们需要更细致地做好应急预案。由此次新冠肺炎疫情来看，尤其注意以下两点：**一是要在第一时间保证指挥系统使其继续有效运行；二是要保持政令传递畅通使整个社会及时知道当前的状况以及如何应对**。为此，整个社会在危机未出现时就应该得到教育和演练，可在学校教育及社会公共教育中增加生物安全防范内容并加以演练，并不断改进应急预案。

第四，**完善战略物资储备体系**。经济全球化和社会信息化的发展在很大程度上提高了资源的利用效率，使企业大幅度降低库存，这在经济上是有益的。但从国家安全角度来看，有些物资具有稀缺性，而且在关键时期无法通过市场获得，比如石油。为此，我们需要对战略物资进行甄别，并在科学计算的基础上建立一个规模适度的战略物资储备系统。

第五，**加强国际合作及海外布点**。应对生物安全威胁，不仅要做好国内工作，更要充分利用国际资源：其一，更广泛深入地做好现有国际组织和国际机制的工作，使其在国际行动中成为助力；其二，更积极主动地创制国际议题，以扭转西方在国际事务中的话语权优势；其三，更有计划有步骤地充实我海外机构，尽可能地增加和提高中国保护海外公民和海外利益的渠道和能力。

（上海国际问题研究院国际战略研究所所长、副研究员　吴莼思）

# 中企"走出去"与海外疫情蔓延之应对

**本文要点：** 短期看，疫情全球大流行势必对中国企业对外投资产生负向冲击，特别对贸易型、高价值链关联度与工程承包类对外投资影响较大，对欧美地区投资的负向冲击要大于对发展中国家的负向冲击。中长期看，后疫情时期各国面临巨大的资本缺口和就业压力，招商引资力度会不断加大，这为中国企业"走出去"提供了巨大商机。鉴于此，我们应充分利用东道国的"政策红利"，加快完善对外投资行业指导目录，发挥境外合作区"疫情防火墙"的作用，深化与"一带一路"沿线国家的投资合作，提升贸易便利化水平，加快金融业"走出去"的步伐。

## 一 中国企业对外直接投资的概况

第一，**对外直接投资主要集中在发展中国家**。中国企业对外直接投资存量的80%以上集中在发展中国家，东盟、金砖国家、"一带一路"沿线国家是中企"走出去"的重要目的地。对欧美投资则相对较少，由于美国试图在技术领域与中国"脱钩"，并购投资的安全审查日趋严格，影响了近两年中国对美投资。

第二，**服务业对外直接投资占比相对较大**。服务业是中国企业对外直接投资的重点领域，批发和零售业、金融业的对外直接投资存量占比都在10%以上，租赁和商务服务业的投资存量占比更是超过30%。在服务业领域的对外直接投资中，与贸易有关的对外投资占比相对较高，在非金融类对外投资中占比高达40%。从制造业领域的投资分布来看，装备制造业是企业对外直接投资的重点行业。汽车制造、计算机通信及其他电子设备制造等装备制造业占制造业投资存量的50%以上，是企业在制造业领域投资的重点行业。

第三，**对"一带一路"沿线国家的投资快速增长**。基础设施建设领域的投资合作不断深化。"一带一路"倡议提出以来，中国企业对"一带一路"沿线国家的对外直接投资快速增长。商务部数据显示，截至2019年11月，中国企业在"一带一路"沿线国家的对外直接投资累计超过1000亿美元。

## 二 中国企业的"危"与"机"

（一）短期内，严峻的海外疫情形势导致国内企业"走出去"的意愿下降

第一，全球疫情防控形势复杂严峻，对外直接投资不确定性

增强。疫情在美国、欧洲等发达国家快速蔓延。发展中国家由于医疗资源不足、防疫物资短缺等问题，疫情防控形势也较为严峻。全球经济大衰退或许已经不可避免，海外疫情蔓延加剧企业对外直接投资过程中面临的风险和不确定性。

第二，**贸易限制措施增多，贸易服务型对外直接投资营收堪忧**。对外投资合作项目与国内产业发展关联性强，部分在外投资项目直接服务于对外贸易。与进出口贸易密切相关的投资项目营收状况堪忧。中国设备厂家可能因为本次疫情导致不能及时开工生产，造成设备供货进度延误，甚至不排除有些供应商因疫情影响陷于经营困难，导致无法供货，进而影响海外企业的正常经营。

第三，**原材料和中间品供应短缺，装备制造业对外直接投资举步维艰**。海外疫情持续蔓延影响全球供应链和产业链运转，不仅导致下游需求降低，而且会导致上游原材料和中间品的供应短缺。汽车制造等装备制造业有较长的供应链和产业链，上下游关联度也相对较高。装备制造业对外直接投资企业面临着更加严峻的挑战，在海外的生产制造和产品分销举步维艰。

第四，**工程建设和投资活动无法有效开展，基础设施建设领域的投资合作面临困境**。海外疫情蔓延影响中国企业与"一带一路"沿线国家基础设施建设领域的投资合作。为防控疫情的扩散和蔓延，各国对于人员流动、聚集、出入境等活动的限制措施不断加强。人员无法及时到岗返岗，影响对外投资项目的筹备、实施和经营，中国籍劳工可能由于疫情管控措施而无法正常出国工作。

第五，**有形资产投资风险主要来自金融风险，无形资产投资风险主要来自要素流动管控**。对于以土地、厂房、生产设备等有形资产为基础的投资，可能因为当地政府出台的新政策而无法正常收租，进而导致无法按期偿还按揭贷款。对于以知识产权等无形资产为基础的投资，比如购买研发中心等，由于面临人员流动管制，导致企业无法进行技术开发。

**（二）从中长期看，后疫情时期国外对资本的急切需求为中国企业"走出去"提供了机遇**

第一，**各国对外商投资的需求将快速增长**。疫情影响下，各国的失业率持续攀升，解决就业问题势必成为多数国家首要政策目标，各国对外商投资的需求将快速增长。对尚处于工业化和城镇化初期的发展中国家而言，势必更加重视外商投资，这无疑为中国企业对外直接投资提供了机会。

第二，**企业对外投资并购的成本大幅降低**。跨国并购是中国企业对外直接投资的主要方式。疫情导致海外企业生产经营面临严峻的挑战，自有资本和留存收益难以为继，现金流压力持续增大，股权和资产价格不断降低，跨国并购成本会大幅下降。

第三，**史无前例的各国救市政策给对外投资企业带来新机遇**。为吸引外资，各国会不断降低投资壁垒、出台投资优惠政策，这无疑给对外投资企业带来新的机遇。以英国为例，政府从融资、税收、就业等多方面制订了一系列支持计划。如在企业融资方面，针对创造众多就业机会、对经济有重大贡献的大型企业，英国央行可以购买该类型企业发行的企业债券。

## 三 疫情下中国企业对外直接投资的预测分析

第一，**中国对美投资继续在低谷徘徊，对欧盟的投资将大幅下降**。疫情在美国和欧盟的蔓延较为严重，对经济金融造成严重冲击。美国股市两周内四次熔断，欧洲金融市场震荡加剧，中国企业对美国和欧盟的投资风险短期内骤增。除此之外，美国和欧盟的投资安全审查与关键技术领域投资限制将更加严格，对企业对外直接投资产生极为不利的影响。

第二，**东盟等周边地区将成为中国企业"走出去"的重要目的地。受新冠肺炎疫情的影响，各国开始高度重视供应链安全问题。东盟与中日韩抗击新冠肺炎疫情领导人特别会议成功举行，在疫情防控和经济金融领域的合作持续深化。未来全球生产分工将加速向区域萎缩，中国投资目的地将向周边集中。

第三，**信息技术产业将成为企业对外直接投资的重点领域**。信息技术的运用，特别是云计算、大数据、人工智能等新一代信息技术，在此次疫情防控过程中发挥了重要作用，各国对高科技产品的需求仍然较高。当前，中国正在加快推进新一代信息技术的发展和工业互联网等新型基础设施建设。信息技术的运用和发展，为企业"走出去"提供了新的竞争优势，促进企业在信息技术产业的对外直接投资，还可以有效带动服务业和制造业的投资增长。

## 四 对策建议

第一，**及时了解当地政府对企业的扶持政策，充分利用东道国的"政策红利"**。商务部、贸促会等政府部门可以定期发布各国关于吸引外资的救市政策。企业应尽快知悉相关东道国税收、土地、金融等"政策红利"，充分做好投资前准备。

第二，**完善对外投资行业指导目录，定期发布国别投资风险报告**。为企业"走出去"制订清晰的产业规划，完善对外投资行业指导目录，明确投资的重点行业和国别，并且提供相应的政策支持和鼓励。加强对外直接投资的风险研判，定期发布国别投资风险报告，高度关注东道国的政治风险、经济风险、公共卫生风险，做好突发事件应急预案。

第三，**发挥境外经贸合作区的防疫优势，推进企业"抱团出海"**。境外经贸合作区的基础设施完备、主导产业明确、公共服务功能健全，并且能够为对外直接投资企业在园区构筑疫情"第一道防火墙"。因此，应鼓励企业通过境外经贸合作区开展对外直接投资，搭建企业合作与资源共享平台，促进企业"抱团出海"。

第四，**深化与"一带一路"沿线国家的投资合作，加快投资协定谈判**。增强与"一带一路"沿线国家的沟通协调，实现对外投资项目工程建设所需原材料和设备的及时生产、运输和供应。在做好疫情防控的前提下，为人员到岗返岗提供支持和保障。加快与沿线国家的投资协定谈判，进一步深化投资合作。

第五，**提升贸易便利化水平，保障供应链和产业链运转畅通**。积极开展多双边交流，提升贸易便利化水平，减少物流运输限制，保障进出口贸易畅通，降低疫情对贸易往来造成的干扰，实现对外贸易与投资的相互促进。通过政企联动的方式增强上下游企业间的协调合作，解决对外直接投资企业在生产制造过程中面临的原材料和中间品短缺问题，保障供应链和产业链的畅通运转。

第六，**加快金融业"走出去"的步伐，缓解对外直接投资企业的融资约束**。推进金融业领域的对外直接投资，加快金融机构"走出去"的步伐，搭建对外直接投资企业与金融机构的沟通渠道与合作平台，增强融资、保险等金融服务的供给，实现对外投融资的合作发展。

（对外经济贸易大学北京对外开放研究院研究员　刘斌
对外经济贸易大学北京对外开放研究院副院长　王颖）

# 新冠肺炎疫情对中国国际科技合作的影响及对策

**本文要点**：从总体来看，美国作为国际科技合作中心的位置在短时间内仍然难以撼动。中美科技合作受经贸摩擦冲击大幅降温，新冠肺炎疫情难以缓解中美科技冲突，将进一步推动中国国际科技合作的多元化发展势头。短期内疫情将强化公共卫生相关领域的国际科技合作，但要警惕疫情冲击下国际科研经费投入下降、全球产业链重新布局等因素给国际科技合作带来的负面影响。对策建议包括：以医疗卫生领域为突破口，推进全球科技合作深入发展；抓住疫情下国际变局的契机，积极调整国际科技合作战略；在与市场结合紧密的科研领域，发挥民间国际科技合作的优势。

新冠肺炎疫情席卷全球，成为21世纪迄今为止最大的"黑天鹅"事件。新冠肺炎疫情既凸显出国际科技合作的重要性，更凸显出掌握科技制高点对保障国家生物安全、人民生命、经济发展和社会稳定的决定性意义。疫情影响下，中国国际科技合作遇到了更为复杂艰苦的局面，需要加大政策支持力度、灵活应对。

## 一 美对华科技"规锁"战略

在奥巴马执政后期，特别是特朗普政府上台后，美对华政策转向战略竞争，高科技竞争成为双边斗争最激烈的领域。美对华科技发展实施"规锁"政策，意图将中国压制在全球产业价值链中低端，而部分对华鹰派甚至极力鼓吹对华科技"脱钩"。**联合专利申请是国际科技合作成果表达和转化的核心指标**，通过分析联合专利申请的历史，可以观察到以下几个特点。

其一，**中美科技合作受经贸摩擦冲击大幅降温**。从20世纪90年代中后期的"九五"时期开始到"十二五"时期结束，在中国与所有其他国家合作申请的国际专利中，中美合作数量的占比一直在40%—48%，并呈波动上升态势。但是在"十三五"时期的前三年（2016—2018年），中美合作专利占比已跌落至37.7%。从数量上看，中美合作申请的国际专利，从"十二五"时期的年均4258项，降到了"十三五"时期前三年的年均1203项，下降幅度超过70%。

其二，**中欧、中日科技合作增强，部分弥补中美合作下滑的空缺**。中国与欧洲、日本科技合作日益密切。"十二五"期间，中国与德国、英国、法国、日本的联合专利申请占比之和是23.7%，仅为中美合作专利占比的一半左右，而2018年这一数字已达38.3%，与中美合作专利占比相当。并且中国与日本、英国、德国联合申请的国际专利数量，在2018年都出现了显著上升，但这一趋势是否能持续还有待观察。

其三，**美国的国际科技合作中心位置相对弱化，但难以撼动**。美国仍是中国最重要的科技合作伙伴，但美国科技合作对象数量较多且相对分散。2018年中美联合申请国际专利1122项，依然占联合申请专利总数1/3强，大于中德（426项）和中日合作数量（425项）之和。**中美科技合作对中国的重要性大于对美国的重要性**。虽然目前中国已成为美国专利合作第一大国，但占比仅为17.2%。中美科技合作受冲击后，2018年美国同英、德、日、法的合作专利占比明显上升，尤其是美英合作占比已达15.2%。

## 二 疫情推动中国国际科技合作多元化发展

### （一）新冠肺炎疫情难以缓解中美科技冲突

美国已经成为新冠肺炎确诊病例最多的国家，疫情的持续使中美科技合作呈现两面性。**一方面，美国有意愿与中国共同合作应对疫情**，但仍取决于中美关系的大局；**另一方面，美国遏制中国科技发展的战略仍在推进**，美国不会放松对中国5G、人工智能等领域的打压，部分科技产业研发与供应链"脱钩"仍在加速。

**中美科技前景很可能是非对称性"平行体系"**。中美共同承认的国际规则和标准将减少，**美国将运用各种手段迫使中国退出西方国家高科技市场**，同时与中国争夺知识产权等各相关领域的领导权和制度、规则制定权。中国将面临企业受到金融制裁、核心零部件断供、科技研发封锁日益严峻的局面，中资持股或与中国合作的科研机构、公司企业都会受到美国的限制和打压。科研人员将被迫在美国和中国两套科研体系中二选一，联合研发将变得稀缺。

### （二）新冠肺炎疫情或加速中欧、中日科技合作的势头

在疫情的冲击下，**欧、日与美国的裂痕将进一步加深，美国**

**优先政策将导致中欧、中日民间合作更为顺畅**。欧洲对华部分竞争、部分合作的政策已经定调。由于意识形态差异，欧洲将继续限制中国在欧洲的高科技和研发投资，但中欧科技合作已有一定基础，进一步深化符合各方利益。日本对美国技术依赖性更高，但对中国市场依赖度也高，中日关系回暖后，中日科技合作有望继续深化。

### （三）新冠肺炎疫情将进一步推升中俄科技合作

2020—2021年举办中俄科技创新年，中俄科技合作已经向多点扩散，迎来新的局面。疫情前，中俄医药科技合作就已经蓬勃发展，疫情为中俄合作带来了新的契机，中俄同时向伊朗、意大利提供援助，展现了大国国际协作的力量。**俄罗斯在基础研究和原始创新方面独具优势**，中国在信息通信、卫星导航、超级计算机等方面逐步走在世界前列，两国可以取长补短、彼此借力。未来中俄在航天科技、人工智能、物联网、农业、能源、电子、军工等诸多领域的研发合作仍有巨大潜力。

## 三 新冠肺炎疫情对国际科技合作的影响

第一，**短期内疫情将强化公共卫生领域的国际科技合作**。疫情当前，各国的资源都向疫苗和药物研发方面倾斜。中国于2020年1月11日向全球分享了新型冠状病毒基因序列信息，1月21日向世界公布了核酸检测引物和探针序列，为各国开发检测试剂提供了科技支撑。加强国际公共卫生合作的呼声高涨，公共卫生、生物医药及相关领域的国际科技合作意愿大幅上升。但**仍需警惕，美国在利用科技优势抢先获得疫苗和特效药物问题上可能动机不纯**，对中国保障国家生物安全不利。

第二，**疫情冲击下国际科研投入面临大幅下滑**。全球疫情迅速恶化已经迫使各国大幅增加政府赤字以支持相关应急政策，缓解经济"大停顿"对社会的冲击。G20峰会各国承诺拿出5万亿美元稳定经济。**疫情后各国债务飙升、财政困难，必然导致科研投入压缩、联合研发减少**，如果叠加欧美对中国实施的科技领域投资限制，长期国际科技合作的财政基础和支持体系将被削弱，令合作雪上加霜。

第三，**疫情引发对全球产业链分工的反思以及对信息主权与个人隐私的激烈争论**。新冠肺炎疫情全球大流行期间，多国出现防护和医药物资的短缺，还出现对防护和医药产品的出口限制。**全球经济分工和相互依赖在新冠肺炎疫情等安全挑战面前，退化趋势日益明显**。随着对外直接投资、外包活动减少，国际科技合作也将逐步放缓。

第四，**限制信息科技合作的阻力将有增无减**。疫情期间，远程医疗、线上教学、视频会议、智能疫情追踪等大批信息科技应用繁荣发展，为相关产业发展提供了广阔平台。但以5G为基础的大规模信息流动时代引发了对信息主权和个人隐私的双重忧虑，各国对网络安全和个人信息保护更加重视。美国为遏制中国科技发展，不惜禁止中国企业在美国的研发机构向中国转移技术和研发成果，以保护信息安全为名迫使中国科技企业放弃已经收购的美国企业，甚至直接采取非市场手段帮助中国科技企业的海外竞争对手。**美国已限制政府采购中国的科技产品，很可能在未来抗疫经济刺激计划，特别是拟议中的庞大基建投资中排除中国产品**。同时，疫情后其他国家也有可能在美国压力下限制与中国的科技合作范围。

## 四 对策建议

第一，**以医疗卫生领域为突破口，推进全球科技合作深入发展**。公共卫生安全是人类面临的共同挑战，需要各国携手应对，目前疫情防控科研攻关国际合作仍有很大深化和拓展的空间。中国已在世卫组织的框架下积极开展了科技合作,可在与各国深入开展溯源、药物、疫苗、检测等方面的双边科研合作的同时,凝聚各方共识,**以我为主加大中长期投入,引导建立医疗卫生领域多边长效国际科研合作机制**。

第二,**抓住疫情下国际变局的契机,积极调整国际科技合作战略**。继续努力推进中欧、中日、中俄科技合作,对冲中美科技合作的损失,将中国科技进步受到美国的负面影响降到最低。

第三,**在与市场结合紧密的科研领域,发挥民间国际科技合作的优势**。医疗卫生领域的科学研究具备显著的公共物品特性,适合由政府为主,带动国际科技合作;而在那些与市场结合更为紧密的科研领域,应发挥民间国际科技合作的优势,弱化政府背景,去除不合理的体制、机制限制,鼓励以企业、高校和研究所为主体的国际科技合作模式。

(中国社会科学院世界经济与政治研究所
助理研究员 董维佳 姚曦 赵海)

# 区域合作与对策

# 新时期"一带一路"合作体系建设的路径选择

**本文要点**："一带一路"倡议提出以来，各类相关机制和平台不断涌现，为推动"一带一路"建设走深走实发挥了重要作用。进一步推进"一带一路"合作体系建设，需要突出相关机制和平台的先导性、专业性、务实性和道义性。在当前形势下，宜着重做好"对接"这篇大文章，通过深化各层次、各领域、各方面对接，不断拓展合作空间，提升合作质量。同时，宜注重"寓引领于对接"，把先进理念、先进制度、先进经验嵌入动态对接过程之中。

近些年来,"一带一路"框架内的各类合作机制和平台不断涌现。这些机制和平台有的是顶层设计的题中之义,有的则是相关方积极作为创造的"意外惊喜"。自觉行动与自发作为相结合,初步勾勒出"一带一路"合作体系的基础框架。

## 一 "一带一路"合作体系的基础框架

第一,**两届"一带一路"国际合作高峰论坛成功举办,为"一带一路"合作体系建设打造了坚实"内核"**。高峰论坛已成功举办两届,第二届高峰论坛比首届高峰论坛规模更大、代表性更强、内容更丰富。各方在领导人圆桌峰会联合公报中表示,"愿同中国进一步在'一带一路'倡议下开展双边和国际合作,期待定期举办高峰论坛并举行相关后续活动"。高峰论坛的机制化,可以在"一带一路"建设中更好地发挥引领作用,为凝聚合作共识、指引建设方向、推进合作进程提供最为权威的平台,为合作体系锻造了坚实"内核"。

第二,**206 份政府间双多边合作文件完成签署,为"一带一路"合作体系建设提供了重要制度基础**。截至 2021 年 6 月,已经有 140 个国家和 32 个国际组织与中国签署 206 份共建"一带一路"合作文件。这些文件标志着"一带一路"已经得到国际社会大多数国家的支持,为"一带一路"建设提供了重要国际政治基础。这些文件基本都涵盖发展战略和发展规划对接问题,也包含诸多具体工程项目,对增进中国与相关方了解彼此发展需求和发展思路意义重大,对企业在参与"一带一路"合作中寻找工程项目也具有"指南针"作用。除双边合作文件外,"一带一路"倡议及其合作理念也已被写入联合国、二十国集团、亚太经合组织、上海合作组织等重要国际机制的成果文件,为"一带一路"合作体系建设提供了重要制度保证。

第三，一系列功能性机构陆续建立，为"一带一路"合作体系建设搭建了诸多实践平台。伴随"六廊六路多国多港"建设深入推进，以"一带一路"冠名的合作平台不断涌现。中国同巴基斯坦围绕走廊建设成立中巴经济走廊联合合作委员会，巴基斯坦议会成立中巴经济走廊委员会；缅甸成立"一带一路"实施指导委员会；英国剑桥大学和兰卡斯特大学成立"一带一路"研究中心；德国成立"一带一路"倡议联邦协会；日本成立"一带一路"日本研究中心。此外，"一带一路"智库合作联盟、丝绸之路沿线民间组织合作网络、数字丝绸之路国际科技联盟、"一带一路"律师联盟等各类平台也纷纷搭建，并日益朝着专业化、精细化方向发展。

第四，**中国国内政策支撑体系不断完善，为"一带一路"合作体系建设提供了重要驱动力**。推进"一带一路"建设工作领导小组发挥总协调作用，通过就推进合作过程中的相关议题召开会议，为"一带一路"建设把脉搏、引方向；中央和国家机关各部门围绕"五通"建设及数字丝绸之路、廉洁丝绸之路、绿色丝绸之路等领域的统筹协调机制建设逐步完善，并积极推出相关战略规划和创新举措；各省区市结合自身优势因地制宜制订参与计划，做到了认识越来越深入，定位越来越科学。总体来看，国内正日益形成上下联动、左右协同、创新发展的"一带一路"政策协调体系。

## 二 "一带一路"合作体系建设宜坚守的原则

**一是先导性**。"一带一路"合作体系需要主动走在世界发展前沿，发挥先导性作用。通过发挥先导作用探索搭建重大工程项目跨国管理体系，倡导自由便利的国际投资规则，引领国际经济合作发展方向；推动"一带一路"建设与世界贸易组织改革进程等相互助力，促进各层面地区合作机制相互协同；调动各国企业、媒体、智库、社会组织的积极性和主动性，为全球治理改革创新开辟新路径、凝聚新动力、打造新平台。

**二是专业性**。可聚焦"合作发展促进平台"这一功能定位，通过不断提升相关机制和平台的专业性和权威性，持续增强对国际社会的吸引力和感召力。相关机制和平台应注重发挥信息枢纽作用，通过信息收集和发布，推动各方科学合理确定合作项目，扮演项目孵化器角色；发挥知识生产功能，定期围绕经济形势、投资机会、科技发展、安全风险、"五通"建设进展等发布研究报告，以高水平研究成果引领"一带一路"建设方向；发挥规则制定功能，注重把各方共识以制度和规则的形式确定下来，并把符合世界发展方向的制度规则向国际社会积极推广。

**三是务实性**。始终与"一带一路"工程项目建设进程相适应。努力避免传统国际合作机制的缺点，不寻求制定过多有强制约束力的制度规则，保持合作体系的韧性和弹性；坚持需求导向和问题导向，发掘各方合作意愿与合作潜力，规避合作过程中可能出现的矛盾，解决合作过程中的争端纠纷；着力推动全球互联互通伙伴关系建设，让越来越多的国家参与到全球互联互通事业中来，发挥伙伴关系网络传播理念、凝聚共识、促进合作的功能，为推动全球共同繁荣发展开辟路径。

**四是道义性**。共商共建共享是"一带一路"建设的原则，其中共享建设成果可谓"一带一路"倡议的初衷，也是"一带一路"建设可持续推进的重要保障。共享体现为两个方面：一是确保各参与方共享合作成果，把"一带一路"切实建设成各方合作共赢之路；二是确保发展成果由合作伙伴国内各类群体共享，把"一带一路"建设成造福民生之路。

## 三 "一带一路"合作体系建设的路径选择

"一带一路"合作体系建设需注重做好"对接"这篇大文章。通过"对接"增强合作体系的整体性和协调性，增进与全球治理体系的相容性与耦合性，并始终保持合作体系的精巧性和柔韧性。

第一，**以"对接"助力全球治理理念创新发展**。"一带一路"合作体系是在原有全球治理体系基础上做"增量式"改进。为此应在坚持联合国宪章宗旨和原则、尊重现有全球治理机制基础上积极作为，倡导各方通过"一带一路"建设共同探索国际合作与全球治理新理念、新模式和新路径，有力应对保护主义、保守主义、单边主义、民粹主义冲击，推动国际社会尤其是相关大国不断增进对"一带一路"合作理念的认知、认可和认同。

第二，**以"对接"增强合作体系内部统筹协调**。"一带一路"框架内的各类机制和平台有些彼此间沟通协调不够，有些功能设置上相似度较高，有些相互衔接不够。因此，应推动各类机制和平台加强沟通对接，通过自上而下的指导与自下而上的探索相结合，提升专业性和实效性；应推动各类机制和平台加强与高峰论坛、"一带一路"政府间合作文件、中国国内政策支撑体系等的沟通对接，提升对"一带一路"建设的支撑力和贡献率；应根据"一带一路"建设需要，对各类机制和平台进行规范管理，保证其简洁、精巧、高效。

第三，**以"对接"推动与其他合作体系融合发展**。"一带一路"合作体系应进一步深化与联合国、东盟、非盟、欧盟、欧亚经济联盟等全球和区域合作机制对接，并对相关国家提出的新的合作倡议与合作构想保持开放。随着合作的深入，可以致力于推动相关国家间发展思路、发展规划、风俗习惯、工程项目等全方位对接，通过全方位对接加强全方位合作，进而实现全方位发展。

**第四，以"对接"确保合作体系建设与时俱进。**在开展各类对接工作中需要保持开放性和灵活性。比如，有的国家为参与"一带一路"合作甚至专门推出新的发展规划，"一带一路"合作体系需要为与这些新的合作规划对接预留"端口"。又如，新一轮科技和产业革命将给人类生产生活方式带来革命性变化，进而催生新产业、新业态、新模式，"一带一路"合作体系也需要对这些重要发展变化及时进行调适。再如，新冠肺炎疫情突然暴发，国际社会只有协调合作才能有力解决，"一带一路"合作体系也应该对类似突发议题进行及时有效应对。

（中共中央对外联络部当代世界研究中心研究员　林永亮）

# 港城一体化是构建"海洋命运共同体"的重要支点

**本文要点：** 新冠肺炎疫情的影响以及中美关系陷入困境，这对未来一段时间全球政治经济关系的走向提出了挑战，同时也为"海洋命运共同体"等新型国际政治经济关系的发展创造了空间。中国海外港口合作的港城一体化模式，在推动当地成为国际航运枢纽并构建港城可持续发展的经济体系中，已获得一定经济成效和较好的社会效应，应在深化巩固支点港口的合作中发挥更大作用。未来一段时间，中国海外港口合作应着重深化援建港口项目的港城合作，为"海洋命运共同体"构建夯实基础、提供国际示范。

中国70%—90%的国际贸易通过海上运输完成，由于传统贸易航线基本受制于西方国家，**在中美关系不断出现波折的当下，构建公平独立的国际海洋贸易关系非常必要**。由于历史原因，"海上丝绸之路"沿线一些重要的国际枢纽港口经常受到西方舆论干扰，一般性的港口合作难以产生密切的利益关系和理念认同，**只有获得较多港口权利的国际合作才容易建立较为深厚的利益关系、发展融合共通的理念，并最终构建休戚与共的"海洋命运共同体"**。中美经贸摩擦推动了全球贸易航线的调整，中国对美国进口贸易海运量大幅下跌的同时，贸易航线更明显趋向南亚、东南亚，并经中东达欧洲。中国应抓住当前海洋经贸转型的时机，尽快以海外援建港口为重点，构建"海洋命运共同体"的坚实支点。

## 一 港城共建模式为海洋共赢合作提供典范

近年来，**中国推动的港口与港城联动共建的合作模式，由于具有经济文化互动的功能，可产生经济、安全、文化等多方面交流促进作用**，在规则、理念和行动等国际海洋治理方面不断促进对话沟通。而港城共建发生在国际重要的航运枢纽，则能对国际能源运输线、工业贸易品运输线和海上通道安全产生重要的影响，**因此港城合作更具有全局性的战略效果**。中国在斯里兰卡合作筹建的科伦坡港、汉班托塔港，在吉布提建设的吉布提港等均采用港城合作的模式，通过港口物流畅通国际贸易、以城市建设带动当地发展，并以过境贸易起步，大力发展经济，不断推动贸易港口向贸易港城发展。

以中国与斯里兰卡港城合作为例，通过共商、共建、共享，中国企业承揽建设的斯里兰卡科伦坡港及港口城，正在深刻影响当地的经济可持续发展，并推动其区域经贸影响力的提升，为斯里兰卡真正发展成印度洋上的重要航道枢纽奠定了基础。

**共商合作、互利自愿**。斯里兰卡自愿引进中国企业和资金，开展港口码头、电力、物流等基础设施建设和临港工业建设，目的是逐步实现自身成为"印度洋中心"的目标。中国企业则期待在印度洋建立良好的航运物流、贸易通航关系，以逐渐培育自主、便捷的海上航线，最大限度降低国际贸易风险，并弱化美国等在全球海运中的干预能力。

**协力共建、成效明显**。在中斯共建之下，斯里兰卡科伦坡港口的国际集装箱码头得到升级完善，集装箱运力大幅度提升，同时港口城正在集聚南亚金融、旅游、物流等高端港城要素资源，为建设成南亚商贸物流中心打下基础。而中国远洋货轮在印度洋的补给也得到强有力的支撑。

**共享互惠、持续发展**。普华永道对科伦坡港口城2020年的评估报告指出，科伦坡港口城通过港口两级开发和港城开发运营，将为当地创造超过40万个优质就业岗位，吸引超过97亿美元的外国直接投资。而**科伦坡港口城的建成，将为中国企业海外投资从港口建设到港城运营转型升级提供成功经验**，也为国内企业进入南亚甚至非洲、欧洲市场搭建平台。

## 二 港口合作效应初显但政治风险难测

枢纽港口合作成效初显。"海上丝绸之路"沿线拥有众多天然不冻港、深水港和陆地战略纵深港，包括石油、铁矿石等重要资源装卸在内的世界级和地区级枢纽港，港口合作的潜力巨大，且相关港口国家有强烈的开发合作意愿，是中国建设海外港口的重点地区。目前，中国已投资的港口项目遍及亚、欧、非等地区20多个国家，重要港口占全球五十大港口的2/3以上。这些港口的陆续竣工和运营，正在为当地带来民生的改善，并为当地经济持续发展带来生机。**由于中企的参与，相关港口不但逐渐承担"海上**

丝绸之路"重要枢纽功能,而且正在成为当地经济发展的引擎。例如,吉布提港正在成为中国在非洲、红海和中东地区新的贸易、金融枢纽;希腊比雷埃夫斯港与横跨匈牙利、塞尔维亚、北马其顿和希腊的"中欧陆海快线"连为一体,正在促进巴尔干与中东欧陆海联动发展;肯尼亚蒙巴萨港成为东非第一大港后,逐步演变成东非及其他非洲内陆地区经济发展的重要窗口。

**政治风险是港口合作最大不确定因素**。国际港口合作一般涉及资金量巨大、投资周期长,是港口所在地发展中较为醒目的大事,也是投资企业发展规划中的战略性行动,容易被国际舆论关注和炒作。美国等发达国家对中国海外投资合作行为非常敏感,并不时制造负面国际舆论,对项目所在地有关港口合作的决策往往产生不利影响。尤其**在当地政治出现矛盾时,这样的海外项目常常会被炒作成矛盾的来由和焦点**,最终导致项目难以顺利开展。

## 三 深化援建港城合作以规避风险

中国在全球参与了亚非欧各大洲共约100多个港口项目,其中亚洲最多,其次为非洲,一定程度上说明中国海外港口合作与"一带一路"路线有较高程度契合。在这100多个港口合作项目中,**少数项目由于港口所在国经济能力弱而采用援建的方式开展合作,包括斯里兰卡的汉班托塔港、巴基斯坦的瓜达尔港、吉布提的吉布提港等**。由于是援建,中国在相关港口的运营中获得了相对多的权利,能够站在更长远的角度和更大空间谋划与相关国家的海洋利益关系,更能有效践行"海洋命运共同体"理念。因此在目前国际关系转型和国际政治不确定因素加大的背景下,强化与援建港的合作并发挥援建港的区域带动作用,可规避不必要的政治风险,不断巩固和扩大港口的支点功能,为其他地区港口合作作出有效示范。

## （一）巩固航运贸易关系

援建港所在国大多属于经济落后国家，但对经济发展都有强烈愿望，愿意接受互惠互利的发展运营建议，并愿意提供相对稳定的政策经营环境，这样也便于中国企业发挥自身的市场优势，将航运贸易的优质资源向援建港口倾斜，培育和提升援建港的航运及贸易要素的集聚能力。例如地处非洲东北部、亚丁湾西岸的吉布提港，中国运营企业通过积极拓展码头业务、吸引石油钻井船和邮轮以及精细化管理等措施，推动吉布提港的运输能力和枢纽价值大幅度提升。

但援建港发挥国际航运枢纽作用、巩固枢纽地位，需要大量过境、转口甚至直接贸易运输的支撑，并需要国际货运集聚能力强、海运服务业务广泛的国际大公司入驻。为了尽快提升援建港的国际航运要素集聚能力，**中国港口援建和经营企业需主动将国际贸易运输及中转业务向目标地所在港引导**，鼓励大型船舶停靠，引进知名船舶服务公司入驻，同时尽快推动提升当地参与航运枢纽运行的能力。

## （二）加强经济合作

单纯的港口经济大多围绕贸易运输而展开，若无当地的工业支撑，港口就只能是贸易中转运输口岸，对本地经济的带动作用有限。而**以临港经济发展为核心的港口城市建设，将能够为港口在本地经济带动能力的提升带来强有力的支撑，因此对港城的工业投资及其发展非常重要**。中国在斯里兰卡汉班托塔港的初步工业投资，就带动了当地超过900人的直接就业，并间接创造就业机会超过2000个，在当地产生了良好的发展口碑并展现了强劲的发展潜力。

为稳固与港口所在地的合作关系、提升合作的社会效能，未来在通过积极协调、争取进一步优惠工业政策的前提下，**中国经营企业可通过园区化的工业建设，吸引包括中国在内的各国企业**

在当地开展生产经营活动，推动港城工业经济的大力发展，不断加快当地工业体系的建立和完善，同时紧密与当地的经济关联。

**（三）树立共同责任为基础的海洋安全观**

海洋命运共同体构建的基础之一就是共同认同的海洋责任，只有将海洋空间可持续发展的维护当成自身责任，才能激发海洋命运共同体的荣誉感，并将海洋命运共同体构建作为使命。因此中国**在开展援建港口的合作中，需要引导和激发当地对区域海洋利益维护的责任感，推动其主动担当地区海洋责任**。而在共同海洋责任的基础上，构建共同的海洋安全观才会顺理成章。

**从区域海上安全入手，根据海洋运输业务主导方向，逐步建立和完善海上通道安全合作机制**。鼓励援建港所在国积极参与地区海上安全合作并积极承担相关职责，在保证海上航线及船舶免受恐怖主义和海盗袭击困扰的同时，共同构建具有命运共同体理念的"海上丝绸之路"安全维护规则。

（商务部贸易经济合作研究院研究员　王志芳）

# 逆全球化对全球供应链的影响及应对

**本文要点**：近些年来，世界范围内的逆全球化浪潮伴随保守主义、民粹主义、孤立主义和反精英主义等形式卷土重来，严重冲击到全球供应链的正常运行。逆全球化从供给侧对全球供应链造成的影响是深刻的，这主要源于一些供应链参与国不断采取单边主义行动的结果。从需求侧看，一些突发性事件会对全球供应链造成毁灭性破坏，以多重因素叠加的效应对全球供应链形成沉重打击。在逆全球化浪潮下，加快构建"一带一路"全球供应链，是中国与沿线国家进行国际经济治理的有效途径。

**逆全球化顾名思义就是指令全世界各国和地区因为全球化而导致的相互依赖及整合减弱的一个过程**。在逆全球化浪潮和新冠肺炎疫情席卷全球的背景下，各国要遏制由于疫情引发新的逆全球化浪潮对全球供应链造成重创，避免世界经济重蹈20世纪30年代的大萧条。

## 一 逆全球化从供给侧影响供应链

逆全球化从供给侧对全球供应链造成的影响是深刻的，这主要是源于一些供应链参与国不断采取单边主义行动的结果。全球供应链的变化"牵一发而动全身"，参与国退出供应链会严重影响上下游国家的生产合作，甚至会导致供应链断裂，造成的"供应冲击"将使各个国家的产能下降。

特朗普执政以来，美国频繁实施单边主义政策、退出各种区域一体化组织，以"让美国再次强大"为名义大搞保护主义，这严重破坏了中国等多数国家倡导的基于多边主义的全球化发展进程。美国国家经济顾问委员会主席库德洛曾建议，所有在中国的美国企业全部撤离，由美国政府承担全部"搬家费"。日本政府也推行了"改革供应链"项目，提供2435亿日元项目经费资助日本制造企业撤回本土，以实现供应链多元化布局。美国、日本的跨国企业在全球供应链中一般占据高端位置，其做法将破坏相关供应链的完整性，最终导致下游企业难以找到替代而使供应链断裂。

**逆全球化浪潮将导致国际规则和秩序的严重失灵**。早在执政之初，特朗普政府就试图使用"美国优先"的政策组合重塑美国经济乃至国际经济秩序，但这已违背全球化的本质，也给全球供应链带来难以估量的不确定性。美国不仅频频退出或者重谈区域一体化协定，还抵制多边贸易体制，其保护措施将通过供应链的传导机制影响区域经济发展。美国的"新重商主义"会使美国经济由开放向封闭倒退，它完全与全球化的时代背景相背离，也与互联经济不断深化的地区发展严重脱钩。美国在全球供应链上的战略转变就是要从供给侧重构国际经济规则，进一步确保其在全球的战略利益，借以稳固其世界霸权地位。

**与美国恰恰相反，以中国为代表的新兴市场国家不断推进区域一体化和多边主义以深化互联经济的国际秩序。**中国正日益成为亚太地区乃至全球供应链的中心，努力维系着供应链的正常运转，在"一带一路"倡议下扩展并且重构着全球供应链的发展格局。倡导经济全球化的中国与合作伙伴国不断努力开拓新的世界市场和供应链体系，以此扩大供给并加深产能合作。然而，逆全球化浪潮却逆向而行，为全球化发展制造各种障碍和壁垒。即便这样，在全球化发展根深蒂固的今天，逆全球化的始作俑者，也无法实现经济利益零和博弈的结果。

## 二 逆全球化从需求侧影响供应链

从需求侧看，一些突发性事件会对全球供应链造成毁灭性破坏。例如，2008年的国际金融危机、2011年发生的日本大地震以及当下暴发的新冠肺炎疫情等事件均从需求侧深刻影响着全球供应链的正常运行。尽管上述事件不属于逆全球化思潮的范畴，但是**由于上述事件引发的新逆全球化浪潮，以多重因素叠加的效应对全球供应链形成沉重打击。**

近几年，**一些发达国家提出的"制造业回流"将会显著降低全球供应链的外部需求。**这些国家的战略意图在于增加制造业回流本土的边境内生产消费需求和劳动力就业。外部事件通过扩大内部需求来影响全球供应链的完整性和连续性，也为逆全球化浪潮提供了攻击供应链脆弱性的机会。

当前，**美国有学者建议美国可以对中国在经济上采取"部分脱离接触"战略。所以，我们要防范美国等国家可能会借助新冠肺炎疫情等事件，加速从中国等国家撤资或者撤回企业，以破坏全球产业链为代价来保证其本国经济增长和劳动力就业。不过，疫情之下的美国2020年第一季度GDP增速为-4.8%，4月失业率飙升至14.7%，国内消费需求也不断滑落，根本没有资金和余力从中国转移供应链上的企业回到美国本土，甚至转移到东南亚其他国家，毕竟转移生产基地的成本太高。所以，**从需求侧来看，新冠肺炎疫情不太可能加速而是减缓中美经济脱钩，进而降低了由于中美经济脱钩对全球供应链造成"二次伤害"的可能性。**

**在一定周期内，单纯需求侧的减少对全球供应链的影响是可以逐渐消除的，全球供应链通过不断修复和寻找局部替代可以得以还原。**例如，从需求侧看，受新冠肺炎疫情影响严重的国家贡献了全球65%的最终需求，全球供应链受到的冲击需要一定时间才能得以恢复。除此以外，遭受供应链冲击相关联的产业也会受到需求减少的影响，进一步提高产业面临的风险。由此可见，经济全球化使得国与国、产业与产业之间的关联错综复杂，一个环节出现问题，其他环节也难独善其身。

**逆全球化通常利用贸易保护主义手段（出口管制或者提高进口关税）对需求侧进行控制来影响全球供应链。**例如，发达国家对一些高科技产业的高精尖零部件进行出口管制，这导致中下游国家无法正常进行生产组装和出口，导致产业链断裂或者产业（产品）质量降级。

## 三　中国如何应对全球供应链面临的挑战

根据上述分析，逆全球化对全球供应链造成的影响及后果体现在：一方面，**逆全球化通过产业链的上下游传导属性，破坏或改变全球供应链的现有格局。**由于参与产业链的国家的利益相互交织，逆全球化行为会"牵一发而动全身"，改变地区或者国际经济秩序。另一方面，**逆全球化行为会通过国际规则抬高全球供应链的各种壁垒和成本，切断互联互通的多个途径，从而降低产业链上下游国家的整体福利**，使供应链参与各方均遭受损失。

中国作为亚太地区产业链中独一无二的"承前启后"的供应链中心，会越来越深刻体会到国际秩序和市场格局变化所带来的冲击和不确定性。**长期以来，中国整体处于全球供应链的中游位置，中国与上下游国家之间彼此相互依赖**。我们看到，此次中国对海外新冠肺炎疫情严重国家的进口（中间产品）依赖度将近40%，特别是对高技术零部件的依赖程度更高。一旦供应链断裂，受损的不仅是中国，还会迅速波及产业链上下游国家。

**中国还要防范某些国家实施的去中国化的战略意图**。一些国家掀起的逆全球化浪潮的意图之一是"产业去中国化"。由于中国在国际分工中的重要性难以被其他国家替代，以及中国制造业份额和商品零售市场规模足够大（两者已经超过美国）等原因，**中国不再仅仅是世界工厂，同时已经成为世界市场，所以，去中国化是难以实现的**。

为保证世界经济安全与平稳地发展，**中国与世界其他国家应该共同维护全球供应链的正常运行**。对中国来说，为避免突发事件的冲击，更为消除逆全球化浪潮的侵袭，**中国可以在拥有完备要素禀赋的简单产业建立国内产业链，以保护该产业供应链的脆弱性**。而中国在复杂供应链上则无法建立国内产业链，这些产业需要区域或者全球范围内众多国家参与供应链的建设。

此外，**中国应以"一带一路"倡议为契机，不断扩展现有全球供应链体系**。通过构建"一带一路"全球供应链，引领中国与沿线国家将亚洲区域经济一体化向西逐步延伸并不断深化。"一带一路"建设迎合了全球供应链体系扩展的需要，也满足了沿线发展中国家和中小企业融入全球供应链的发展需求。逆全球化浪潮下世界经济萎靡不振,构建"一带一路"全球供应链,是新一轮全球化趋势下中国与沿线国家通过开放与合作进行国际经济治理的有效途径。

(中国社会科学院世界经济与政治研究所副研究员　马涛)

# 依托地区制度框架推动中日合作

**本文要点**：日益拓展的亚洲地区制度框架在相关国家的互动关系中扮演着重要角色。作为亚洲地区"制度化"进程的重要参与方，中日在制度框架下的互动是双边关系发展态势的显示器。从根本上说，中日双方在地区制度框架下的互动、合作具有内生性特征，竞争与制衡则是外生性特征。有效应对美国对华政策和中美关系发展的不确定性，客观上对中日关系的健康稳定提出了更高要求。把握好中日关系的发展态势和走向，应重视地区组织和机制在其中所扮演的"稳定器"与"孵化器"的角色。

当代亚洲地区体系的一个显著变化是地区多边制度框架的扩展。"东盟+3"、亚洲基础设施投资银行、区域全面经济伙伴关系（RCEP）等在地区经济、政治和安全等诸多领域编织起一张日益庞大的网络，并有能力塑造和重塑国家间互动关系的结构和模式。中国和日本都是亚洲地区的大国，同时也是亚洲地区"制度化"进程中的重要参与方。**中日在制度框架下的互动是双边关系发展态势的显示器，也是双方合作与竞争关系的测量仪**。这一变化的地区政治现实，为思考当下的中日关系提供了不同于历史、地缘、战略分析维度的新视角。

## 一 地区制度框架对中日关系的显著影响

### （一）制度框架下的合作

以亚太经合组织、"东盟+"、区域全面经济伙伴关系等为代表的**地区性国际组织和一系列制度性安排为中日关系日益构建起新的关系性逻辑和动力，其核心是多边基础上的协调与合作**，而非意识形态的分野或者"冷战式"的防范与对抗。其一，地区性制度安排在中日之间建立了合作的基点，彼此形成更为稳定的预期，降低互动关系中的交易成本，使得寻求共享利益的集体行动更有可能实现；其二，地区经济制度框架的顺畅运行，不断加深中日之间在经济领域的相互依存，这可以成为双边关系的"压舱石"，并为政治关系的持续稳定发展夯实基础；其三，地区内互动关系日益深入的"制度化"，塑造一种地区环境和氛围，短期内有利于改变国家行为动机，长期来看则有助于增强地区成员身份感和凝聚力。

### （二）制度框架下的竞争

合作及其"外溢"效应乃是制度框架构建的出发点与目标。然而，亚洲地区制度框架的成长还是一个相对新生的现象，各方合作的经历和经验相对有限，并且经常受到地缘政治、双边关系和国内因素的影响。因此，**制度框架下的互动并不能规避国家间的竞争**。竞争通常意味着一方有目的的行动旨在降低他方可得到的收益或者阻碍其需求的满足；竞争通常是围绕制度框架中的权力分布展开的，尤其体现为制度性话语权的竞争。

**伴随中国的日益崛起以及在亚洲不断提升的影响力，日本不时显示出对于中国作为竞争者的关切**，并通过制度设计、议程设置、理念推销等多种方式竞争和争夺地区制度性话语权。比如，在东亚峰会的制度设计中，日本推动地区合作框架从东亚（"10+3"）到亚太、印太（"10+6""10+8"），目的之一就是把中日关系的分母做大，通过这种"稀释"动作，在更大范围内动员更多资源来平衡中国，以求"扩大均势"。

### （三）合作与竞争的主次关系

如上所述，中日在地区制度框架下的合作伴随制度性话语权的竞争，然而，重要的是，**有关地区组织和机制能够为培育中日之间持续稳定的合作关系提供制度化动力**。毕竟，地区制度框架下互动的前提和基础在于各参与方利益关系的一致或基本一致，如果任何一方都不认为能从互动中获益时，制度框架本身就不存在了。在此基础上，合作与竞争难免是相伴而生的，但由于地区制度框架的存在，竞争不仅受到议题范围和集体行动规则等因素的约束，而且互动的持续进程有助于竞争转向合作，也即"政策协调或交换"在更广和更深范围内实现。

## 二　中日制度框架下合作的战略地位

### （一）为构建中日关系搭建多边平台

就中日关系而言，把握其发展态势和走向，我们显然应该重视一系列地区性组织和机制在其中所扮演的角色。亚太经合组织、

"东盟+"、区域全面经济伙伴关系等,一方面,为中日合作态势的构建提供了支撑平台,它们也显示出有能力塑造当下中日关系积极转向的持续演进。另一方面,中日在地区制度框架下的互动依然受到许多国内外因素的影响和冲击。比如,国际环境的变化,尤其是美国对华政策和日美同盟关系的变化;日本国内政治因素等。上述两种现象或同时存在或此起彼落,但从根本上说,**中日双方在地区制度框架下的互动、合作具有内生性特征,竞争与制衡则是外生性特征**。

(二) 为应对中美关系赢得主动地位

当前中国的和平发展进程正在经受明显的外部压力。对于中国外交而言,**有效应对美国对华政策和中美关系发展中的不确定性,客观上对中日关系的健康、稳定提出了更高要求**。从中国和平崛起以及国际政治的总体视角来看,中日关系无疑是极为重要的。树立一个与远方对手阵营相同的近敌,不仅同中国自身在对美关系中的长期定位相矛盾,也将为美国插足亚太区域提供可乘之机。**如果中国主动改善与日本关系,就可能削弱美国在东亚的地位并从长远上削弱美国的全球地位**。就此而言,主动有为的中国外交必须重视对日外交,妥善应对中日关系。

从现实来看,维系和发展健康稳定的中日关系不仅需要双边关系层面的积极力量,而且有赖于地区多边制度框架的支撑。尤其是,一系列地区性组织和机制有能力推动中日双方跨过互动进程中的"共同利益困境"和"共同背离困境",有助于构建持续的、合作共赢的中日关系新模式。

## 三 制度框架下中日合作的路径选择

从历史和现实来看,政治意愿和外交层面的高层互动有能力为中日关系不断校准前行的航向,但中日关系的持续、稳定、健康发展需要更多的动力和支撑。**在当前形势下，日益拓展的地区多边制度框架能够为中日合作关系的发展提供支撑平台**，并有能力在推进务实合作、累积互信、积极的相互认知以及相互政策定位等方面提供持续动力。

第一，**中日的发展都得益于自由贸易，也都主张自由贸易**。在当前全球贸易保护主义和单边主义兴起的背景下，中日在区域全面经济伙伴关系以及中日韩自贸区（FTP）等地区制度框架下的合作尤显重要。

从历史来看，RCEP 是中日各自主张的东亚自由贸易区（EAFTA）与东亚全面经济伙伴关系协定（CEPEA）从议题并峙到携手倡议的产物，显示出中日双方在维护和发展地区自由贸易体系和秩序、应对外来规则挑战上不乏共识。2013 年起持续至今的 RCEP 谈判进程，[①] 为塑造中日维系合作的共同预期，在相互尊重、互谅互让基础上不断提升政策协调水平提出了要求，也提供了机会。**中日携手合作、共同为谈判施加动力，不断发出支持基于规则的多边主义和自由贸易的明确信号**，是 RCEP 谈判最终达成协议、从而有效构建地区自由贸易体系的重要保障。在此，中日在国家层面的话语权之争能够转化为在地区和全球层面上为亚洲争取话语权和贸易规则制定权。

第二，**中日政治关系的稳定，需要双方切实提升互信水平**。在地区多边制度框架下构筑和推进伙伴关系，有助于互信水平的提升和共享身份的培育。

**一个健康、稳定和可持续发展的中日韩三边合作机制，能够为中日伙伴关系的发展提供最为直接的平台和持续的推动力**。与其他地区组织和机制相比，中日韩三边合作机制成员构成简单，

---

① 2020 年 11 月 15 日，东盟十国、中国、日本、韩国、澳大利亚、新西兰正式签署 RCEP。——编者注

有助于各方在互动进程中明确其亚洲国家的身份,并且在较大程度上避免域外因素的干扰与破坏。在此机制下,中日韩自贸区建设的顺利推进,将为各方之间合作关系奠定坚实的基础。与此同时,峰会的制度化减少了外交互动的成本,为应对双边关系中不时出现的棘手问题提供契机。就此而言,**中日韩三边合作机制不应是各方政治关系发展态势的"显示器",而应是有能力培育地区伙伴关系和共享身份的"孵化器"**。

第三,**在中国倡议的"一带一路"合作框架下,中日双方的认知定位、政策协调乃至战略对接对于双边关系发展具有重大意义和深远影响**。

自2017年5月日本首相特使二阶俊博参加"一带一路"国际合作高峰论坛以来,日本政府对"一带一路"倡议的认知和行为已出现明显积极的变化,中日第三方市场合作也在具体项目上不断落实。当然,**在"一带一路"框架下中日间的积极互动目前尚处于起步阶段,但其对中日关系发展方向的影响无疑是值得期待的**。为此,中日在制度框架下的互动应着眼于:继续推进亚洲基础设施投资银行与亚洲开发银行之间的合作;利用中日韩三方合作机制,在"一带一路"的目标、议程等问题上增信释疑;提升"一带一路"的制度化水平,推动日本成为制度化进程的参与方。

(山东大学政治学与公共管理学院副教授　马荣久)

# 工业互联网发展的中国对策

**本文要点：** 当前，互联网发展应用正从消费互联网转向工业互联网。以美国为首的发达国家高度重视工业互联网发展，将其作为实施"再工业化"战略、抢占新一轮国际产业竞争制高点的重要内容和手段。中国工业互联网正在加快发展步伐，但也面临着核心技术研发创新能力不足、工业互联网发展的生态环境尚不健全等诸多难题。为此，中国需要加强工业互联网人才队伍建设，充分发挥科技型中小企业的作用，依托工业互联网平台开展国际交流与合作，积极推进工业互联网标准化工作，同时全力打造工业互联网信息安全体系。

# 一 美国工业互联网发展经验

## （一）美国工业互联网的发展机制

第一，**政府部门的支持和引领**。首先，美国政府提前布局工业互联网相关技术产业，将信息网络系统（CPS）作为学术和科学研究的重要方向，并持续提供专项资金予以支持；其次，美国政府致力于打造制造业创新中心，重视知识产权保护，并积极推动税收改革，以期为工业互联网的发展营造一个良好的生态环境；最后，美国政府十分重视工业互联网相关人才的培养，提出要将先进制造业的职业技术教育拓展至中等和高等教育，并持续加大对STEM教育资源的投入以实现制造业人才教育全覆盖。

第二，**企业联盟的主导和推广**。2014年3月，通用电气公司（GE）联合思科、美国电话电报公司、英特尔、国际商业机器公司（IBM）在波士顿成立了工业互联网联盟，并围绕参考架构、应用案例、标准协作和测试床四个方面开展工作。联盟内企业拥有各自的技术优势，不仅能够共享各自创新开发的实践经验以及积累的海量数据，而且可以分摊由此带来的巨额开发成本，有利于加快创新步伐，共同推动工业互联网的发展。

第三，**基础技术的支撑和推动**。美国工业互联网发展的另一重要驱动来自技术领域，具体可分为"网络""数据""安全"三个方面。网络技术主要包括物联网技术和网络通信技术，是工业互联网的基础核心；数据技术主要包括云计算技术和大数据分析技术，是工业互联网的价值创造核心；安全技术主要指信息安全技术，是工业互联网系统健康运行的重要保障。

## （二）美国工业互联网的平台建设

第一，**龙头企业基于各自优势构建工业互联网平台**。一方面，工业龙头企业凭借在机器设备的数字化程度及联网率等方面的领先优势不断开发和完善工业互联网业务能力；另一方面，信息、通信和技术（ICT）领军企业依托新一代信息通信技术方面的产业优势构建面向工业的云平台，强化工业服务能力。

第二，**工业互联网企业深入合作，拓展平台应用领域**。美国的工业龙头企业、ICT及互联网巨头企业在各自擅长的领域内拥有不同的比较优势，但同时也存在各自的短板。因此，美国各类工业互联网企业展开深入合作，优势互补，共同打造开放共赢的创新生态。

第三，**积极寻求国家间平台的对接与合作**。2016年3月，美国工业互联网联盟与德国工业4.0平台的代表在瑞士苏黎世会面，双方就工业互联网参考架构（IIRA）和工业4.0参考模型架构（RAMI4.0）的一致性进行了探讨，并初步达成合作意向。在标准化合作方面，双方基于参考架构的一致性，将"标准与互操作"作为平台的对接工作之一。

## 二 中国工业互联网发展面临的挑战

第一，**中国大部分制造业企业仍停留在机械化生产阶段，自动化、信息化水平有待提高**。首先，中国企业数字化设备联网率、生产设备数字化率以及关键工序数控化率不高，不能很好满足工业互联网对大数据采集、传输及分析的要求。其次，产业链上下游及产业链之间各类设备与信息管理系统之间的连接能力较弱导致数据资源难以有效共享，形成了许多"信息孤岛"。最后，由于中国各地区制造业发展不均衡且制造业内部各行业差异较大，工业互联网建设和应用的典型案例难以在不同的企业、行业间复制推广。

第二，**中国互联网企业对制造业生产的认识不足，缺乏为制造业企业提供服务的技术和能力**。其一，中国工业互联网在技术、管理体系等方面还不健全，不能很好满足制造业生产过程中数据、网络、软硬件控制等环节的安全需求，对潜在的安全风险无法做到及时识别和化解。其二，强调开放、共享的互联网服务与要求稳定、安全的制造业生产体系难以协调，使得现阶段制造业与互联网的融合主要体现在上游设计和下游销售等环节，而极少在生产过程中发挥作用。

第三，**中国工业互联网平台的综合集成实力较弱，跨行业、跨领域服务能力不强**。首先，国内企业在工业互联网平台建设中所需的一些关键技术环节如数据采集、边缘计算和工业平台能力方面稍显不足。其次，工业互联网平台在具体工业生产场景中的应用落地问题较为严峻，部分工业互联网平台的应用场景相对匮乏，商业模式创新不足，难以形成规模效应。最后，虽然近年来**中国工业App发展迅猛，但核心技术仍是其发展的短板**，而工业软件的碎片化问题也使其难以在工业生产中得到系统应用。

第四，**中国工业互联网生态体系建设还不成熟**。首先，中国在工业发展基础、专业知识、技术经验等方面的积累较为薄弱，导致工业互联网机理模型的研究相对滞后，最终影响工业互联网生态体系的构建。其次，中国工业互联网标准的发展还不完善，传统企业在信息化转型过程中面临如何将生产管理与互联网进行安全有效的融合这一问题。工业互联网标准体系在产业链各环节中尚未确立，导致一些跨界产品和服务接口缺乏统一标准。

## 三 加快中国工业互联网发展的对策选择

第一，加强工业互联网人才队伍建设。首先，**采用多样化的方式吸引国内外工业互联网高端人才**，制订专门的工业互联网人才支持计划和配套优惠政策。其次，**设立人才激励制度**，优化人才能力和科技成果的评价体系，充分发挥各层次人才的主动性和积极性。最后，**设立工业互联网人才信息库**，在各地组建由工程机械、数据分析、软件开发等领域专家学者构成的咨询团队，一方面对工业互联网发展过程中存在的问题及时予以诊断和解答，另一方面可将其作为工业互联网人才培训的师资力量。

第二，**充分发挥科技型中小企业的作用**。首先，**制定并落实相关政策法规，建立并完善公共服务体系**，提高社会资源对科技型中小企业的开放程度。其次，**在鉴别优质科技型中小企业的基础上予以重点扶持**，引导和鼓励科技型中小企业的个性化发展，借助大型企业在资金、技术、管理等方面的经验和优势，帮助并增强科技型中小企业的生存能力。最后，**利用新一代信息通信技术推动科技型中小企业的智能化转型**，在此基础上构建大型企业与科技型中小企业协同发展的新型产业组织。

第三，**依托工业互联网平台开展国际交流与合作**。首先，**制造业和互联网企业应以建设跨行业、跨领域平台为核心**，共同建立公共平台服务体系，推动各类型企业在平台聚集。其次，**支持制造业企业用好平台资源**，实现生产、管理等关键环节的信息化、智能化管控，通过线上线下结合等方式提升企业的响应速度和柔性生产能力。最后，**需加强与美、德等制造业强国的互动交流**，鼓励国内工业互联网平台与国外相关平台进行对接，积极引入全球知名制造业企业。

第四，**积极推进工业互联网标准化工作**。首先，**成立相关组织机构分析工业互联网的标准化需求**，在基础共性领域开展工业互联网标准体系的制定工作，形成一批国家、行业、企业团体等不同层次的标准。其次，在工业互联网总体标准和基础共性标准的基础上，**根据实际应用场景进行相关标准的开发**。再次，充分发挥工业互联网产业联盟的作用，引领产学研用各方力量共同**建设工业互联网标准管理平台**。最后，**推动工业互联网平台与国际标准对接**，支持标准化机构、企业参与国际标准的制定，形成符合中国工业互联网发展规律的标准化体系。

第五，**全力打造工业互联网信息安全体系**。首先，**加强工业互联网安全顶层设计**，出台相关指导性政策文件，明确各部门、机构、企业的安全职责，建立并完善监督预防、风险评估、应急管理等相关机制。其次，**推动产学研用各方合作**对涉及工业互联网防护的攻击防御、漏洞发觉、信息加密、态势感知、安全芯片等关键技术和产品进行攻关，研究并完善工业互联网安全体系建设方案。最后，**以工业互联网产业联盟为主导，选取重点领域的龙头企业作为示范**，推广安全技术的应用。

（南开大学经济与社会发展研究院教授　杜传忠
南开大学经济学院博士生　金文瀚）

# 中国与 SWIFT 脱钩问题的法律分析与应对

**本文要点**：美国在其涉港法案中设定了对中国金融机构的"制裁"措施，这可能会对环球同业银行金融电讯协会（SWIFT）与中国金融机构的关系产生影响。SWIFT 虽然不受美国法律的直接约束，但不排除美国出台进一步的"制裁"法，导致 SWIFT 惮于被制裁的风险而被迫将被制裁金融机构踢出 SWIFT 系统的可能，我们对此应高度重视，未雨绸缪。具体包括：全面评估相关风险，提前做好因应措施，不宜单纯从实际可能性的角度持盲目乐观态度，要全面加强和深化与欧盟的合作，积极推进国际货币体系多元化格局建设，加快推进人民币国际化进程。

2020年7月14日，特朗普正式签署涉港法案。该"法案"以中国政府违反《中英联合声明》《香港特别行政区基本法》为借口，设定了一系列针对所谓违反"联合声明"和"基本法"的个人，以及故意与前述个人进行重大交易的金融机构采取"制裁"措施。对此，市场出现担忧情绪，担心上述金融措施的实施会导致中国的相关金融机构与环球同业银行金融电讯协会（SWIFT）系统发生"脱钩"，但亦有部分专家从实操性角度认为这"几乎不可能"或"概率极低"。有鉴于此，有必要从法律角度，对此进行简要分析，并对中国当前应重点关注的风险点予以阐释。

## 一　与SWIFT"脱钩"的关联

从法律角度来说，两者之间没有必然联系。美国涉港法案第5、6、7节规定了针对个人和金融机构实施"制裁"的程序与措施。美涉港法案第7节规定的针对金融机构实施的制裁措施具体如下。

（1）禁止美国金融机构向被制裁的外国金融机构提供贷款或信贷；

（2）禁止将报告所列被制裁金融机构指定为一级交易商；

（3）禁止被制裁的金融机构作为美国政府资金的储备库；

（4）禁止美国管辖范围内的涉及被制裁外国金融机构的外汇交易；

（5）禁止美国管辖范围内的涉及被制裁外国金融机构的信贷转移和支付；

（6）禁止任何人与被制裁外国金融机构进行财产交易；

（7）限制或禁止直接或间接面向被制裁外国金融机构的出口、再出口、转移受美国管辖的商品、软件或技术的行为；

（8）禁止美国人投资或购买被制裁外国金融机构的股权或

债务;

(9) 拒绝被制裁外国金融机构的高管、负责人或该外国金融机构的控股股东进入美国境内;

(10) 对被制裁外国金融机构的执行官员实施上述第(1)至(8)项制裁。

上述制裁措施一旦落地，意味着受到美国管辖的任何主体不得与报告所列被制裁的外国金融机构进行上述部分或全部交易。特别值得注意的是，从法案的规定来看，并不仅限于通过美元进行的上述交易。由此，**经由 SWIFT 系统进行的与上述交易相关的金融结算通信活动亦不会再发生，但这不意味着报告所列被制裁的金融机构与 SWIFT 系统"脱钩"。**

## 二 SWIFT 实施单边制裁法的合规义务

SWIFT 是否负有单边制裁法的合规义务，取决于单边制裁法是否对金融信息服务系统的使用作出限制性或禁止性规定。SWIFT 本身是一家总部位于比利时布鲁塞尔的有限责任公司，采用合作公司的组织形式，受比利时法管辖，主要为全球各大金融机构提供金融通信服务。SWIFT 本身不会参与或控制金融机构用户通过 SWIFT 系统进行的金融交易活动，因此 SWIFT 官网就其金融制裁合规义务的立场是：通过 SWIFT 系统进行的单项金融交易相关的合规义务主要在于处理该笔交易的金融机构；SWIFT 主要义务在于为相关金融机构履行合规义务提供协助。

SWIFT 官网就其金融制裁合规义务的主张在大多数情况下是成立的，原因在于单边制裁法如果切断了被制裁主体经由该国金融机构进行的金融结算活动，经由 SWIFT 系统进行的金融结算通信也就不会产生，所以，就无须再另行针对 SWIFT 施加额外的合规义务，但有些情况下也不尽如此，如 2012 年国际社会对伊朗发起多边制裁，其中欧盟理事会通过的第267/2012号条例第23条明确禁止专业金融通信服务提供者向伊朗提供金融通信服务。由于欧盟所颁布的条例对欧盟成员国具有直接约束力，SWIFT作为处于欧盟境内的公司须遵循上述法定义务，据此切断了第267/2012号条例所制裁的主体与SWIFT系统的联系。

## 三 SWIFT与被制裁金融机构"脱钩"的依据

基于履行法定义务或执行内部管理规则。在履行法定义务层面，基于欧盟制裁法或欧盟境外制裁法的规定，SWIFT都可能把介入其中的被制裁金融机构剔除。如前所述，如果欧盟颁布了相关的金融制裁法，则SWIFT必须执行。而如果颁布金融制裁法的主体是欧盟以外的国家，譬如美国，SWIFT是否必须执行？以美国"削减伊朗威胁和叙利亚人权法"（Iran Threat Reduction and Syria Human Rights Act）为例，该法案第220节就针对美国总统制裁向被制裁金融机构提供金融通信服务的机构作出了具体规定，如果SWIFT为美国"削减伊朗威胁和叙利亚人权法"项下被制裁金融机构提供金融通信服务，美国总统将对SWIFT实施制裁。

这就是说，如果不遵守美国的制裁法，SWIFT机构会受到美国的惩罚。需要注意的是，考虑到制裁SWIFT同样会威胁到美国的利益，因此"削减伊朗威胁和叙利亚人权法"规定美国财政部可以在对SWIFT采取制裁措施时，仅以SWIFT董事会中的银行或SWIFT的官员为被制裁对象，从而使得SWIFT本身的运行不受影响。显然，尽管美国单边所颁布的制裁法令对SWIFT没有直接约束力，但是，**由于担心违反美国法律可能受到美国的严厉惩罚，因此，SWIFT机构可能仍然选择遵从美国单边性的制裁法令**。因此，从法律角度来说，"脱钩"这一风险是切实存在的。

在践行内部管理规则层面，2017年3月，SWIFT曾以朝鲜开展核项目和进行导弹试验为由,提出为朝鲜的多家银行提供金融通信服务有违SWIFT会员准则,进而将相关银行踢出SWIFT系统。欧盟委员会发言人对此曾表示:该问题纯属商业问题,欧盟并不会插手SWIFT公司的商业决策。

## 四 中国可采取的应对措施

**第一,应最大限度地控制、降低法案所列交易被禁止所带来的损失,积极与各相关方进行沟通,制订替代性交易方案,做好应急预案。**在美涉港法案中,相关金融制裁措施一旦落地实施,被制裁金融机构将无法与受美国管辖的实体进行法案所规定的一系列交易(不限于通过美元进行的上述交易)。各大金融机构应积极与各相关方进行沟通,做好应急预案。

**第二,相关金融机构和监管部门应未雨绸缪,充分评估中国相关银行可能被踢出SWIFT系统的潜在风险,做好系统性的风险防控。**美涉港法案中相关金融制裁措施的落地实施并不意味着被制裁金融机构会被踢出SWIFT系统,但是,从历史上的先例来看,SWIFT公司可能相应切断相关金融机构与SWIFT系统之间的联系,而这对于任何一家金融机构而言都是不可承受之重。中国当前需要进行全面评估,特别是针对美国出台进一步的制裁法案禁止SWIFT等机构面向被制裁金融机构提供金融通信服务、SWIFT惮于被制裁的风险而被迫将被制裁金融机构踢出SWIFT系统的可能性,未雨绸缪,及早做好应对方案。

**第三,要加强和深化与欧盟的全面合作。**一方面,如前所述,SWIFT是地处欧洲、直接受欧盟法律管辖的非政府机构。与美国所发布的制裁法不同,欧盟所颁布的法律对SWIFT具有直接的法律约束力。**另一方面,就中美摩擦而言,欧盟是制衡美国单边主义的关键力量。**事实上,美国政府近年来在国际事务上所采取的诸多单边主义性质的倒行逆施也深为欧盟所反感和抵制。中国要努力与欧盟联手共同反制美国的单边主义做法，尽量让美国重新回到多边主义秩序的框架之中。

第四，**积极推进国际货币体系多元化格局建设，尽早打破美元霸权地位，加快推进人民币国际化进程**。英、法、德等国于2019年创设了贸易往来支持工具（INSTEX）并已投入运行，以绕开美国对伊朗的制裁措施。中国应积极研究和借鉴相关的经验，考虑设立具有类似功能的机制。未来要进一步完善人民币跨境支付系统（CIPS）的功能建设，加快其推广使用进程，结合"一带一路"倡议的推进，鼓励沿线国家更多的人民币计价和结算。

（中国人民大学法学院教授、民商事法律科学研究中心执行主任　石佳友

京东方科技集团股份有限公司国际法务部法务专员　刘连炻）

# 建设印度洋蓝色经济通道的挑战与应对

**本文要点**：印度洋方向蓝色经济通道建设是中国"一带一路"倡议下海上合作设想的重要内容之一。中国建设印度洋方向蓝色经济通道已具备一定的现实基础，具体表现为中国与印度洋沿岸各国日益深化的经济合作以及中国与沿岸各国具备的较大蓝色经济合作潜力。同时，经济通道建设面临诸多挑战，包括大国之间的地缘竞争增加了蓝色经济合作的难度，各国不同利益关切与诉求差异制约了蓝色经济合作的深度等。应对策略主要包括以"海上示范港口建设"为抓手推动沿岸各国的民心工程建设，按照"精准识别、优化领域"的原则深化蓝色经济合作。

21世纪海上丝绸之路建设是"一带一路"倡议的重要组成部分。2017年,国家发展和改革委员会、国家海洋局发布了《"一带一路"建设海上合作设想》,适时提出了建设以印度洋方向为代表的三条蓝色经济通道。印度洋方向蓝色经济通道以中国沿海经济带为支撑,连接中国—中南半岛经济走廊,经南海向西进入印度洋,衔接中巴、孟中印缅经济走廊。就地理范围而言,建设印度洋方向蓝色经济通道包括印度尼西亚、新加坡、马来西亚、泰国、缅甸、孟加拉国、澳大利亚、东帝汶、印度、斯里兰卡、马尔代夫、巴基斯坦、伊拉克、伊朗、阿联酋、阿曼、也门、吉布提、索马里、肯尼亚、坦桑尼亚、莫桑比克、南非、马达加斯加、塞舌尔、毛里求斯、科摩罗共27个沿海国家和岛国,印度洋方向蓝色经济通道是"21世纪海上丝绸之路"的必经之地。

## 一　建设印度洋方向蓝色经济通道的基础

中国建设印度洋方向蓝色经济通道具备一定的现实基础,主要表现在以下两个方面。

**第一,良好的经济合作基础:中国与印度洋沿岸各国业已存在且日益深化的经济合作**。首先,就贸易领域而言,中国与印度洋沿岸各国双边进出口货物贸易合作的基础较好。其次,中国在印度洋沿岸各国的直接投资总体靠前。在2019年中国对外直接投资流量前20位的国家(地区)中,印度洋沿岸国家占有7席。而在截至2019年年末中国对外投资存量前20位的国家(地区)中,印度洋沿岸国家占有5席。最后,2014—2019年,中国对印度洋沿岸各国工程承包完成营业额占中国全年对外承包工程完成营业额的比例较高(大致为40%),最近四年连续处于增长状态。

**第二,较大的合作潜力:中国与印度洋沿岸各国存在较大的蓝色经济合作潜力**。首先,在全球海洋捕捞产量和海洋养殖产量排名前20位的国家（地区）中，印度洋沿岸各国分别占有7席和8席，中国与该区域各国在海洋第一产业方面有广泛的合作空间。其次，在海盐产量、造船完工量、海洋石油产量、风电发电量以及海洋天然气产量排名前10位的国家（地区）中，印度洋沿岸各国占据2席，中国与他们在海洋第二产业方面也可进行合作。最后，在海洋第三产业方面，中国与印度洋沿岸各国拥有的海洋第三产业也较为丰裕。在海运货运、集装箱港口合作以及入境旅游人数等诸多方面，中国与他们都有很大合作空间。

## 二 建设印度洋方向蓝色经济通道面临的挑战

### （一）大国之间的地缘争夺增加了蓝色经济合作的难度

中国建设印度洋方向蓝色经济通道的安全态势并不乐观，除了印度洋方向的关键海域受海盗袭击的影响外，域外大国与域内大国的地缘竞争加剧了印度洋航道安全的紧张局势。其主要表现是美国推出的"印太战略"，以中国为遏制对象，大国在印度洋地区的博弈烈度呈现上升趋势。此外，作为印度洋地区一个大国，印度的战略选择方向以及中印关系的波动等因素也会影响该区域蓝色经济通道建设的进展。

### （二）各国不同利益关切制约蓝色经济合作的深度

首先，中国与印度洋沿岸国家进行渔业合作存在两个方面的挑战：一是印度洋多数国家由于过度捕捞缺乏有效管理而面临近海渔业可持续发展的重大威胁；二是印度洋沿岸各国因缺乏现代渔船、设备和技术而无法实现对深海地区的渔业捕捞。其次，印度洋沿岸各国对以石油和天然气为代表的海洋矿产资源的利益关切也不同。最后，印度洋沿岸各国对港口建设以及海上基础设施开发的需求也各不相同。例如，斯里兰卡、马来西亚和印度尼西亚等国迫切需要推动港口扩建和升级；毛里求斯和塞舌尔等国迫切需要通过升级海上基础设施和偏远岛屿的通信设施来开发旅游业。可以说印度洋沿岸各国发展蓝色经济的关切不同。如何精准识别中国与印度洋沿岸各国蓝色经济合作的重点领域，对中国建设印度洋方向蓝色经济通道是一个极大的挑战。如果找不到各国利益的最大公约数，那么，印度洋方向蓝色经济合作的层次始终较低，而且推动合作向深度发展将受到极大制约。

## 三 对策与建议

### （一）以"海上示范港口建设"为抓手推动民心工程建设

为了化解域外国家与域内国家的地缘竞争给印度洋安全局势带来的挑战以及给印度洋蓝色经济合作带来的干扰，中国需要以"海上示范港口建设"为抓手，在总结中国援建的斯里兰卡的汉班托塔港、巴基斯坦的瓜达尔港、孟加拉国的吉大港等成功经验的基础上，加强顶层设计，着力从以下三个方面推动合作，培育战略互信，促进民心相通。

第一，**把港口建设与落实联合国《2030年可持续发展议程》结合起来**。以海上示范港口建设为抓手，推动印度洋方向蓝色经济通道建设，尤其要重视该议程所描述的实现可持续发展的第一个目标（在世界所有人口中消除极端贫穷）和第十四个目标（保护和可持续利用海洋和海洋资源以促进可持续发展）。例如，在消除贫困方面，中国不应单纯地加强与印度洋地区相关国家的港口建设，而应该把包括港口码头建设、海上公共服务设施建设、信息服务网络建设以及海底光缆等非传统安全领域的基础设施建设结合起来，形成独具特色的"商业港口链"，以此带动印度洋相关国家经济发展。再如，在保护和可持续利用海洋和海洋资源以促进可持续发展方面，中国可协助印度洋方向的沿线国家建立海洋可再生能源管理服务平台，以此监测、监视和控制可再生能源的过度开发。

第二，**把港口建设与服务当地经济社会发展结合起来**。正如我们强调的，"一带一路"坚持的是正确的义利观，道义为先、义利并举，向发展中国家和友好邻国提供力所能及的帮助，真心实意帮助发展中国家加快发展。因此，在互利合作的基础上，能否服务当地经济社会发展是衡量港口建设可持续发展的一个指标。我们应以港口建设为契机，以互联网、大数据等为基础，做好规划和对接工作，带动印度洋相关国家发展跨境电商服务业、信息服务业、物流服务业和支付服务业。这一方面可以带动当地劳动力就业，另一方面可以培养技术人才，利用新型服务贸易催生中国与沿岸国家合作的新的经济增长点。

第三，**把港口建设与典型示范项目宣传结合起来**。强调中国的海外港口建设旨在共同建设通畅安全高效的运输大通道，是各国的利益共享地带，是以义在先、弘义融利的平等互惠关系。此外，我们还可以借助联合国和金砖国家合作机制等多边外交渠道大力宣传中国建设印度洋蓝色经济通道的理念。

**（二）以"精准识别、优化领域"为原则深化蓝色经济合作**

第一，**关于海洋第一产业的合作，以海洋渔业捕捞为例**。印度洋沿岸不少国家不仅因缺乏深海地区捕捞的现代渔船、设备和技术导致捕捞能力较弱，而且没有针对渔业的综合开发能力。因此，我们可以通过与印度洋沿岸有合作意愿的国家合资造船、合作建立渔业开发工厂等方式，借此分享印度洋相关国家的"捕捞配额"，从而深化中国与印度洋沿岸相关国家在渔业方面的合作。

第二，**关于海洋第二产业的合作，以石油和天然气资源为例**。印度洋沿岸国家拥有丰富的石油和天然气资源，但因缺乏海上生产设施限制了对石油和天然气资源的开发。而根据英国石油公司（BP）最新公布的数据，自2008年以来，中国对石油和天然气的消耗呈现连年增长的趋势。因此，印度洋沿岸国家丰富的油气资源可以部分满足中国不断增长的油气需求，而且中国的石油公司可以与印度洋沿岸国家在设备材料提供和油气勘探开发等方面开展互利合作。

第三，**关于海洋第三产业的合作，以海洋交通运输业为例**。中国的海运货运量和港口吞吐量均居世界之首。因此，中国公司除了继续在有港口扩建需要的印度洋沿岸国家寻找投资商机外，还有两个方面的工作要做：一是在参考建设世界一流港口的指导意见和港口发展指标体系的基础上，尽快制定中国海外港口高质量发展指标体系，以此作为中国海外港口建设的评价标准和基本参照。二是由于印度洋沿岸各国的经济、政治、法律以及人文社会环境复杂，为了尽量减少中国在印度洋沿岸各国港口建设的失败风险，建议尽快建立中国海外港口建设项目风险预警系统。

（上海对外经贸大学法学院国际关系学系讲师　王瑞领
中国社会科学院世界经济与政治研究所副编审　赵远良）

# 中国制造业外移需重视工序细分问题

**本文要点：** 当前中国制造业一个紧迫的挑战是如何避免中低端技术型制造企业外移带来的风险。为了实现合意的制造业外移，笔者认为：首先，中国需要对制造业各行业进行更细致的工序划分，确定中国在不同工序中的比较优势。其次，对制造业的工序细分目的在于保证"转出去"的产业能"回得来"。最后，维持并提升中国制造业的优势，关键在于改善国内企业的营商环境，增强对企业的吸引力。当然，上述建议是基于当前中国制造业在全球产业链中的地位和分工，未来的政策重点可能发生变化。

2020年暴发的新冠肺炎疫情使国外部分电子、汽车、纺织、医药行业的企业一段时期内无法获得中国生产的中间品，促使一些国外企业寻找供应商"备份"。在华外企也可能因为类似的担心而向其他国家转移。

由于中国企业已经稳步有序地复工复产，中国境内疫情对全球行业链供应端的影响相对有限。前述现象除了商业上的权衡，某种程度上也反映了外界对中国制造业升级的焦虑。加上中国之外其他国家疫情扩散的风险正在上升，叠加美国对高科技和新兴行业的出口限制，中国购买中间品也面临一定风险。无论从供给还是需求的角度来说，都有必要考虑，中国作为国际生产网络的一部分，在现有的约束条件下，针对制造业外移的政策重点何在，怎样才能带来相对合意的转变。

为了回答这个问题，我们首先回顾制造业外移的现状，接着给出了可能出现的问题，最后有针对性地提出若干政策建议。

## 一　中国制造业外移的现状和特点

制造业对外投资和制造业外移并不完全相同。在最宽泛的意义上，我们可以将中国对外制造业投资都视为转移，也就是说对外投资减少了国内的制造业投资，或者说是以减少国内投资作为代价的。稍微精确一点的区分是，投资于劳动密集程度更高的国家更多的是制造业外移。目前中国制造业对外投资的特征可以归纳如下四点。

第一，**中国制造业对外投资与制造业发展水平基本持平**。2015—2019年制造业占中国对外直接投资（ODI）的比重约为30%，与制造业占中国GDP的比重，以及制造业出口占总出口比重较为接近。

第二，**中国对制造业外移比重集中在特定发展中国家**。数据显示，中国对越南单个国家的制造业投资占中国制造业 ODI 的比重，约为越南占中国 ODI 整体比重的三倍。中国对其他东盟国家的投资制造业比重也比较高。

第三，**东盟国家制造业的投资者主要来自日本和新加坡**。2012—2018 年，日本和新加坡并购东盟各国制造业企业的案例数，几乎十倍于中国的数量。所以制造业外移中，外商投资企业比内资企业更值得关注。

第四，**对东盟的投资外移主要来自中国传统制造业大省**。目前中国对东盟的投资者主要来自浙江、江苏、广东等传统制造业大省，这在一定程度上和这些省份的制造业企业的特点相关，例如民营企业多，中小型企业多，劳动密集程度高，对成本敏感性强等。

## 二 制造业外移带来的问题

目前中国制造业仍处于全球价值链的中低端，分析中国制造业的产值、增加值、就业、资本产出比等数据可得到类似的结论：中国的工业企业中，劳动力密集、中低端技术的企业仍然占据较高的比重。在这个前提下，当中国的制造业出现外移的趋势，必然会产生一系列的问题，亟须引起重视。

第一，**中国能否从这类对外投资中获得足够的利润**，并弥补中国因为出口下降而造成的顺差下降。

第二，**制造业外移是否会带来中国中低端产业的空心化**，并引发其他社会问题。

第三，**承接中国投资的国家是否有可能挑战中国制造业的地位**。从历史上看，德国承接英国制造业转移后，加速发展并取代英国，日本对外投资引发国内经济空心化和竞争力下降，这些都是典型的例子。先进国家由于劳动力密集部门和环节的外移给母国经济带来的负面影响，可为中国提供重要的经验和教训。

第四，如果外资转移投资、撤资和利润汇出是制造业外移的主要形式，**这是否会带来系统性风险，如对外储的冲击**。

## 三 政策建议

我们对制造业外移的基本想法是，在分析中国制造业优势和劣势的前提下，有意识地、主动地将不具有比较优势的部分外移，在效果上将优于被动的、迫于情况变化而发生的、匆忙的制造业外移。

首先，**中国需要对制造业各行业进行更细致的工序划分，确定中国在不同工序中的比较优势**。

这其中包括两个层面的问题。第一个层面是如何将制造业划分为高端、中高端、中低端、低端技术制造业。第二个层面是，**在四类的每一类中，再细分出高中低端的生产工序**。第二个层面的划分标准是：增加值（或利润率水平）+控制力（或可替代性）。

这样划分的原因是，即使是传统的低端技术制造业或者说劳动密集型制造业，例如纺织服装业，也存在高端工序（设计、品牌、研发、销售），与中端工序（服装制造）与低端工序（纺织印染）的差异，针对不同工序的政策不应该是一样的。各类制造型企业的低端部分，或者说纯劳动力密集的工序对外转移，其风险是可控的。

系统梳理生产工序有助于形成有针对性的政策，提高政策的精确度，避免对低端技术制造业的政策"一刀切"，或者放任转移带来的负面影响。

其次，**对制造业的工序细分关键在于保证"转出去"的产业能"回得来"**。

## 中国制造业外移需重视工序细分问题

"回得来"的意思是，转移出去的工序需要帮助中国企业整体利润的提高，也指投资目标国的产品以中国为主要市场。

为了实现"回得来"的目的，我们尝试提出一些具体的建议：一是及时评估并定时更新产业链工序划分的目录。二是鼓励中国企业掌握关键工序、原材料、零部件、工艺流程，掌控对行业标准的话语权。三是参考跨国公司的母公司与子公司之间的供应合同，给出对外投资的中端技术型企业产品返销中国的建议比例。四是鼓励企业将生产环节分布在不同的国家，以分散风险。

再次，**维持并提升中国制造业的优势，关键在于改善国内企业的营商环境，增强中国对企业的吸引力。**

这一点对外资和内资企业都适用。中国需要进一步优化营商环境，包括降低制造企业的生产成本等。

企业的成本包括人力、用地、能源、税费、物流、融资成本等。按照测算，**中国和东盟的成本差异主要在于劳动力、税费、融资成本及可获得性**，当然如关税、环保成本、劳动生产率、汇率差等因素也是不可忽视的。

由于劳动力成本差异的客观存在，由此产生的劳动力密集行业或环节转移的趋势难以避免。但是，**我们可以通过精简办事手续、降低能源和用地成本、提高生产率等方式降低企业的整体成本。**

对中小制造企业而言，融资不是一件容易的事。新冠肺炎疫情暴发后，即使政府出台了整体较为宽松的贷款政策，银行出于自身利益的考虑，仍然更倾向于贷给优质客户，中小企业通常资金链更为紧张。降低企业为筹措资金付出的代价，对银行是利润率下降的问题，但对制造企业可能是生死存亡的问题。

**最有提升空间、效果也最显著的选项可能是，降低制造业企业的税费**。中国降低税费空间较大，有可选的政策工具。

最后，必须指出的是，上述建议是基于当前中国制造业在全球产业链中的地位，而**产业链和工序都是快速变化的，中国在全球产业链中的地位也会发生变化**。未来将不断出现新的高端环节，同样也有一部分高端将转变为中端，或者中端变为低端环节。随着中国制造业整体技术水平的提高，对中国制造业外移的关注点可能会发生变化。

（中国社会科学院世界经济与政治研究所副研究员　潘圆圆）

国际政治博弈与策略

# 新冠肺炎疫情影响下的资本主义国家政党政治新变化

**本文要点：** 新冠肺炎疫情对资本主义国家的冲击日益加深，引发政党政治的持续变化。尤其是资本主义国家不同社会思潮激烈论战，政党思想理论普遍经受考验，适应性危机明显，牵动各类政党力量的此消彼长。执政党普遍面临治理挑战和困境，能否妥善应对疫情以及平衡维护人民生命健康与促进经济发展直接关系到其政治处境。朝野政党关系复杂发展，政治恶斗占据主流乃至影响到疫情防控等重大事务，凸显了资本主义多党民主制的弊端。资本主义国家社交媒体与政党的互动更为深刻，博弈的成分加大，对一些执政党形成较大压力，招致执政党和政府的反制。

全球新冠肺炎疫情已持续一年多时间，其经济、社会、政治等多重效应日益显现，引发政党与民意舆意的激烈碰撞以及朝野政党关系的紧张化，带来资本主义国家政党政治的深刻复杂变化。

## 一　社会思潮论战牵动各类政党发展

多数资本主义国家抗疫的无能表现，引发部分国家内部及国际社会对资本主义发展理念的持续反思或抨击，带来不同社会思潮的持续激烈论战，进而给有关类别政党带来复杂影响。

**一是自由市场理论饱受非议，进一步冲击本已衰落的自由民主党**。西方思想界大多认为，此次疫情大流行标志着自由资本主义的失败。英国自由民主党、德国自由民主党等传统自民党的政治竞争力和影响力持续下降，有些甚至沦为非主流政党。

**二是保守主义思想受到冲击，但不少保守党通过及时调整政策艰难保住政治地位**。尤其是德国联盟党、奥地利人民党等转而采取国家干预，加大疫情防控力度以及连续出台财政支持计划，勉强维持执政地位。但美国共和党等因应对疫情不力而下台，加拿大国家党、新西兰自由党、西班牙人民党等仍处于弱势。

**三是国家主义的回归给社会民主主义带来利好，但不足以支撑社会党的全面复兴**。国外不少社会党顺势提出扩大社会支出、改善民生的举措，以扩大支持。如西班牙工人社会党在2020年赢得选举，德国社民党维持与联盟党的联合执政。但也有不少国家社会党未能抓住时机，乃至持续衰落。

**四是民族主义、民粹主义的泛滥为不少激进或极端政党提供了有利的发展环境**。从2020年资本主义国家总统或议会选举结果来看，发展中国家民族主义政党大多蝉联选举，发达国家民粹主义政党虽然未能取得重大突破，但选举得票率大多实现了一定幅度的上升。

**五是资本主义饱受质疑,带来部分资本主义国家共产党的新发展**。不少国家的共产党性质的派别把握危机形势,提出左翼替代政策,推动不少民众扩大对社会主义的认可和支持。如西班牙共产党领导人阿尔韦托·加尔松在2020年大选后出任政府消费大臣;2020年年底印度比哈尔邦议会选举中,印度主要共产党及左翼政党获得邦议会29席中的16席。

## 二 资本主义国家执政党大多处境艰难

新冠肺炎疫情持续蔓延严重冲击了资本主义国家的执政党,应对理念与举措直接关系抗疫效果及其政治处境。

第一,**少数执政党积极主动、多措并举抗疫,处境相对较好**。部分国家的执政党重视疫情威胁,行动早、抓得紧,并统筹全国力量、协调国际资源集中应对,防控较为得力。如新西兰工党政府在疫情尚未开始大规模社区传播之时就确定了战略指导方案,以透明、果断、协调等方式处理应对疫情,成效突出,进而赢得2020年议会选举。卢旺达爱国阵线政府在本国出现首例新冠肺炎确诊病例一周后即实施严格"封城"措施,总理主抓并组织多层次严密防控体系、统筹推进防疫工作,总统以身作则、亲自示范。世界卫生组织总干事谭德塞曾多次对卢旺达的抗疫成效表示肯定。

第二,**多数执政党被动抗疫、作为不多,处境较为困难**。不少国家对疫情重视不够,公开或暗中诉诸"群体免疫",导致疫情愈演愈烈,进而冲击执政党地位。美国时任总统特朗普领导的共和党政府表现最为明显,疫情防控不力并谋求提前开放经济,导致美国染疫和死亡人数持续飙高,以致目前死亡人数逾50万。日本自民党政府应对疫情不佳,当前内阁支持率跌至33%。厄瓜多尔、印度、巴西等发展中国家执政党受政府预警机制缺失或失灵、资源匮乏等影响,对疫情未给予应有重视,以致越来越陷入被动。

第三，**部分执政党被迫调整消极抗疫理念并加强抗疫举措，但短期内仍难改变困难局面**。北欧部分国家的执政党在本国遭受疫情持续冲击后，开始认识到群体免疫不能解决问题，被迫转变立场，加大疫情防控力度。如瑞典政府从2020年年底开始加大群众集会管制，丹麦政府近期拟出台新的限制措施。

## 三 资本主义国家朝野政党恶斗持续发展

新冠肺炎疫情牵动了资本主义国家朝野政党关系的持续变化，截至目前其呈现的特点是合作为次、斗争为主。

第一，**从短期合作转向政治斗争**。疫情短期内转移了多数国家的主要政治议题。面对疫情这一共同敌人，部分国家朝野政党都强调危机时期就是团结时期，需要搁置争议、携手共同抗击这一国家"公敌"。因此，部分国家朝野关系在疫情初期进入短暂的微妙蜜月期。如南非非国大主席、总统拉马福萨在疫情初期邀集主要反对党领袖共商抗疫大计，得到后者积极反应。但也要看到，在多党竞争的资本主义国家，选举的压力使得在野党不可能心甘情愿为执政党提供帮助和支持，随着国内疫情发展以及执政党抗疫无力的显现，就会抓住时机回归传统反对党角色。

第二，**疫情下的持续恶斗**。从全球范围来看，多数资本主义国家在野党将疫情视为向执政党发难的难得契机，竭力将疫情政治化，大肆推行"反对政治"，对执政党猛烈开火，进而打造为民请命、为民谋利的形象，以扩大社会政治影响力。日本在野党将抗疫视作向自民党政府反击的一个机会，不仅积极主动成立"新冠联合对策总部"，积极围绕抗疫向政府建言献策，而且针对政府应对失误提出批评，力推政府按照在野党定下的基调调整抗疫政策。**少数国家的执政党超越抗疫考量，利用疫情特殊时期实行抗疫与打击反对派并举策略，加剧了政党斗争**。如匈牙利青民盟政府推动国会投票通过了颇具争议的《新冠疫情法案》,允许政府无限期延长紧急状态,扩大其行政权,引发反对党的不满和抵制。

## 四 政党与社交媒体的博弈日益深刻

社交媒体在传递疫情信息及政府抗疫政策主张等方面起到一定积极作用,但其信息传播中的无序混乱也加剧了社交媒体与一些国家执政党和政府的紧张关系。

第一,**新媒体的无序信息传播对执政党抗疫影响重大**。社交媒体传递的涉疫信息内容庞杂,真伪难分,对民众的影响较大。尤其是造成不少国家民众思想混乱,给执政党和政府传播科学防疫理念、防控指南以及引领民众协调抗疫带来不少挑战,乃至削弱政府对局势的掌控。

第二,**社交媒体的批评加剧了执政党和政府的困境**。不少国家的网络红人或反对党政客利用社交媒体持续攻击执政党和政府,给后两者带来一定困难。如美国疫情暴发后,亲民主党的社交媒体大多对特朗普政府进行负面报道,乃至公开挑战特朗普政策,攻击政府抗疫失败,招致特朗普反击为"假新闻"。法国部分社交媒体广泛报道共和国前进党政府坚持在疫情期间组织地方选举造成疫情蔓延并出现死亡病例,将其渲染为"冒死选举",引发民众对马克龙政府的不满。

第三,**一些国家的执政党推动立法约束社交媒体**。部分国家的执政党加大对社交媒体的法律约束和规范。如2020年7月,土耳其正义与发展党主导的大国民议会通过《社交媒体法》,赋予政府更大权力来监管社交媒体,要求脸书和推特等社交媒体公司在土耳其派驻代表,处理好有关其平台内容的投诉;社交媒体如不服从可能受到罚款、广告禁令和带宽削减的处罚。

当前,全球新冠肺炎疫情尚未得到有效控制。全球多数国家正加大疫苗采购和施打力度，但彻底遏制疫情、恢复正常化尚需一段时间。未来，新冠肺炎疫情及其连带效应仍将继续冲击资本主义国家的政党政治，其有关动向值得继续观察。

（北京第二外国语学院政党外交学院院长　石晓虎）

# 印太战略对中国的挑战与应对

**本文要点：** 自 2017 年提出关于印太地区的战略愿景以来，特朗普政府逐步推进这一愿景转向政策实践，并初步形成了美国印太战略的基本框架，主要包括四大层面：军事层面的力量建设、政治层面的盟友与伙伴关系发展、经济层面的贸易协定再谈判与投资合作扩大化，以及制度层面的地区网络化结构的形成。该战略具有明显的中国指向性，在军事安全、经济发展、地区影响力以及政治安全等领域给中国带来了一定的挑战。有鉴于此，中国需要从全球、地区、双边及国内层面等四个维度予以应对。

## 一 "印太战略"的提出与推进

美国"印太战略"经历了一个从愿景构想到概念明晰再到政策推进的过程,具体可以分为三个阶段。

**2017年是印太战略构想提出时期**。2017年10—12月,时任国务卿蒂勒森、总统特朗普以及首份《国家安全战略》报告都提及了"一个自由开放的印太地区"。不过,此时特朗普政府对于印太地区的战略主要还停留在构想层面,甚至连"战略"一语在官方表示中都未曾出现。

**2018年是战略概念明确及初步推进时期**。2018年6月2日,美国国防部部长马蒂斯在香格里拉安全会议上呼应了印太战略的提法,并说明了美国印太战略关注的重大问题。这是美国政府内阁级官员首次在国际场合使用"印太战略"一词,具有明显的政策宣示意义。美国国务院发表的"美国在印太区域的安全合作"情况说明书中详细列出了五大目标:确保海上与空中自由、推进市场经济、支持良政与自由、保障主权国家免受外部威胁以及促进伙伴维护和推进基于规则的秩序。

**2019年是美国印太战略系统化推进时期**,其标志是"印太战略报告"的发布。该报告提出了维护美国影响力以实现地区目标的三大努力重点:**一是预备**,以实力求和平,采用扩军增费、提升战力、强化印太地区军事活动等有效威慑来确保美国战略目标的实现;**二是伙伴关系**,加强对现有盟友与伙伴的承诺,同时扩展和加深新伙伴关系,增强美国在该地区的经济存在感;**三是推进地区网络化建设**,即推进美国联盟与伙伴关系形成一个网络化的安全架构,通过将现有的双边关系扩展为三边或多边安排,如美日韩、美日印、美日澳等三边机制以及美国与东盟的多边机制,以及鼓励亚洲内部安全关系互动,如越南与澳大利亚战略伙伴关系、日本与印度防务与安全联系、日印澳三边对话。

## 二 对中国的挑战

特朗普政府印太战略有着明显的中国指向性,其对中国的影响主要体现在以下四个方面。

第一,**军事安全层面的挑战更加紧迫**。特朗普政府印太战略的核心支柱之一就是要加强在本地区的军事力量投入,而**防范、牵制、监控中国军事现代化进程以及海上维权行为则是其地区安全战略的重点所在**。2019年美国涉华军力报告指出:"中国军事现代化瞄准的能力有可能会降低美国核心的行动优势和技术优势。"为此,特朗普政府不仅不再邀请中国参加年度环太平洋军事演习,而且加大了在中国周边区域的军事行动力度,如扩大在南海等海域"航行自由行动"的频率,美国还有意识地与域内国家在南海等有争议海域展开联合军事演习。此外,美国还强化与中国台湾地区的安全关系并作为重要工具。凡此种种,无疑对中国的军事安全以及主权维护构成了更为紧迫的挑战。

第二,**经济层面的挑战日益显化**。这一点主要体现为**印太战略与"一带一路"倡议之间的博弈**:首先,从地理范围上来说,美国印太战略主要涵盖了从印度西海岸到美国西海岸,纵贯太平洋到印度洋的广大区域,这与"一带一路"发展重点区域,尤其是与"21世纪海上丝绸之路"有较大重合。其次,从手段上来看,印太战略将基础设施领域的投融资作为主要内容,这与"一带一路"所倡导的基础设施互联互通也有明显的同质色彩。最后,更主要的是印太战略给区域内国家提供了与"一带一路"相竞争的平台。例如印度,美国在推进印太战略过程中突出强调了印度的战略重要性,并通过多种途径强化美印关系,这使得印度参与"一带一路"的希望渺茫,而"一带一路"建设中的六大经济走廊之一——"孟中印缅经济走廊"面临着重大挑战。

第三，**中国在本地区的形象面临被破坏的挑战**。特朗普政府将**提升美国在印太区域的领导力作为推进印太战略的重要目标**，中国在该地区的影响力将受到来自美国的现实挑战。在推进印太战略过程中，美国不断说明其开放性、透明度、可持续性，突出美国投资的私人性质与商业属性，强调尊重地区内国家主权与法治等原则立场。与此相对应，美国不遗余力地将中国的经济"走出去"政策与行为污蔑为对发展中国家的所谓"新帝国主义""新殖民主义"，渲染所谓的"掠夺性经济""债务陷阱"等，显然这些对于中国在本地区的国家形象将带来负面影响。

第四，**政治安全层面的挑战不容忽视**。美国"综合国家战略"指出，中美两国在保护国民、防止核扩散与疾病流行等领域有共同利益，但双方核心价值观尖锐对立，并因此衍生出不同的甚至是冲突的利益。特朗普政府将继续支持美国的价值观，并呼吁中国尊重并遵守所谓的"普世价值"。为此，特朗普政府将整合跨部门组织的力量与资源，并与一些在价值观与利益方面志同道合的盟友和伙伴一起来增强美国"建设性塑造中国选择的努力"。可见印太战略对中国政治安全的挑战不可轻视。

## 三　应对"印太战略"的思路与政策

影响中美关系的变量因素首先来自美国对华政策的调整。中国主要采取的是反应式对策，但并不意味着中国是被动式应对。**要实现在反应式应对中保持战略主动性则需要战略与策略的统一。**

从战略上来讲，中国应统筹国际国内两个大局，统筹发展安全两件大事，坚持底线思维，增强忧患意识，提高谋划运筹能力，推动构建中国特色大国外交体系。国家战略是一个综合性战略，当前中国的国家战略总体上可以分为两个层面：即国内层面与国际层面。从目标上来说，**国内战略就是要实现"两个一百年"的奋斗目标，国际战略就是要构建新型国际关系与构建人类命运共同体**。国内战略与国际战略相辅相成，但国际战略从根本上要服从与服务于国内战略。从这个角度来说，中国特色大国外交的目标与使命就是为实现"两个一百年"奋斗目标与中华民族伟大复兴中国梦创造有利的外部环境。

从策略上看，中国应该实现"四位一体"联动发力。

**一是全球层面**。中国应以推动构建新型国际关系与人类命运共同体为牵引，**要以"一带一路"建设为抓手**，积极开展第三方合作，促进中国与俄罗斯、欧盟等大国关系的均衡发展，加强中国与发展中国家的团结与合作，拓展国际空间，保持战略主动性。特别是当前全球新冠肺炎疫情大流行，人类命运共同体的理念无论是从道义价值还是现实价值上都更加凸显。从舆论上应继续弘扬这一理念；从行动上应发挥中国在全球价值链、供应链当中的特殊地位，为全球疫情防控提供物质与智力支持。

**二是地区层面**。印太地区于美国而言是其全球战略的一个部分，于中国而言是安身立命之根基。因此，中国更应重视印太地区战略环境的塑造。在全球力量配置上美国居于优势地位，而**在印太地区中国则具有相对的战略优势**：一是地缘优势，印太地区是中国的主场；二是战略地位优势，即美国有多个战略重心，而中国的战略重心则要集中得多。有鉴于此，中国应当具备完全的信心以应对美国印太战略的挑战。中国应继续深化与周边国家的互利合作，打造周边命运共同体，尤其要重视强化与东盟的战略伙伴关系，并推进与印度、日本等周边大国关系以及与澳大利亚、韩国等中等强国关系的发展；妥善处理海上安全问题，积极促进"南海各方行为准则"的达成，协力推动区域全面经济伙伴关系协定（RCEP）的签署。

**三是双边层面**。对美外交是中国外交的战略重点，**构建总体**

**稳定、有序发展的中美关系框架应成为对美外交的主要努力方向**，而中美在印太地区的战略互动与博弈则成为构建这种关系模式的重要实践与考验。从积极方面看，中美应加强包括元首会晤在内的高层级交流，拓展共同利益领域，加强在非传统安全、全球性问题上的合作，维护与促进两国的社会文化交流；从消极方面看，中美应保持战略接触，防范战略误判，同时对可能的战略冲突点构建危机预防与管控机制。

**四是国内层面**。国内政治安全的不断巩固、经济的可持续发展、军事现代化的有序推进、社会大局的稳定团结、教育体制与科技创新机制的完善等是应对美国印太战略的关键所在。**中国应保持国家发展战略的稳定性与持续性**，坚持中国特色社会主义不动摇，一心一意谋发展，聚精会神搞建设，量力而行担责任，不断增强综合国力，不断提升应对外部环境变化的能力与水平。

（中共中央党校（国家行政学院）国际战略研究院教授　陈积敏）

# 中美科技创新政策对经济增长影响的比较

**本文要点：** 当前，世界经济增长正处于新旧动能转换的关键时期，各主要国家都在推进以科技创新为核心的结构性改革。美国各届政府对科技创新持续关注和投入，形成了美国的科技全面领先地位，增强了美国经济发展的原动力。中国创新驱动发展战略稳步实施，科技创新能力显著提升，对经济增长的支撑引领作用也日益突出。为促进未来经济增长，中国需要把握经济与技术变革的周期性规律，深入推进围绕科技创新的结构性改革，加强全球协同创新治理，深化改革和实现高水平开放，按照高质量发展要求推动中国经济持续健康发展。

## 一　科技创新成为结构性改革的核心

经济增长呈现周期性的变化过程，是经济增长的客观规律，新旧基础性技术的更替是形成经济周期性波动的决定性因素。当前，世界经济增长正处于新旧动能转换的关键时期。新的增长周期必然是建立在新的结构基础上，即科技创新及其成果广泛应用所形成的新基础和结构，这就是结构性改革的核心。

金融危机以来，**结构性改革逐步成为各国达成的共识，科技创新更是成为结构性改革的核心**。各国虽然推进结构性改革的路径和重点有所不同，但是无论是从重点任务部署上还是从培育产业和改进投资方式上，都凸显出明确的科技创新战略导向。**美国**为解决虚拟经济过度膨胀、实体经济发展不足的问题，**把改革的重点放在促进创新和振兴实体经济上**，强调技术创新是经济增长的核心原动力，掀起了"再工业化"风潮。**德国着力集成政府与产业界力量，实施工业4.0计划和高技术战略**，顺应制造业智能、绿色化发展趋势，提升制造业科技含量，打造制造业新的竞争优势。**英国**出台《以增长为目标的创新与研究战略》战略文件，**把科学和创新置于英国长期经济发展计划的核心位置**。**欧盟的改革以创造就业、提升劳动生产率和重塑欧洲的竞争力为重点**，欧盟第八框架计划持续加大研发投入。**日本**发布的《科学技术创新综合战略》、推进的《创新2025计划》，**以及韩国的创造经济行动计划，都是把科技创新作为推动经济再生的引擎**。各国所采取的创新战略，实质就是在系统推进科技进步的同时，把发挥科技创新在推动经济转型升级上的作用作为战略重中之重。

## 二 美国科技创新政策及对经济增长的影响

在历史上，**美国的科技创新战略把改革重点放在促进创新和振兴实体经济上**，通过综合运用政治、军事、外交和金融手段形成服务于创新经济发展的组合支撑工具，使创新战略成为美国经济发展的核心战略。美国创新战略从加大关键领域的创新扶持力度、支持促进美国长期经济增长的优先领域以及引领美国第三次创新创业浪潮等方面推进科技创新，为美国经济复苏和向好增强了核心原动力并奠定了雄厚基础。但伴随贫富差距、民族矛盾等社会问题，**美国经济仍存在长期陷于增长停滞的巨大风险**。

美国各届政府对科技创新持续关注和投入，经过长时间的积累，形成了美国的科技全面领先地位。这些政策可以大致归为：**一是投入政策**，美国政府坚持科技创新的大规模投入，强化积累，美国研发投入长期处于全球最高水平，1987—2016年，美国累计研究与开发（R&D）经费规模达8.76万亿美元，是中国同期水平的5倍多。**二是人才政策**，美国重视人才培养和引进，正是集聚了世界优秀人才，才能取得如此辉煌的科技成就。截至2017年，全球诺贝尔奖获得者共861人，其中美国有345人。**三是技术转化政策**，美国日益重视科技成果的转化和产业化，通过放松管制，出台《拜杜法案》等，激励科技成果向产业化。**四是重视基础研究和前沿科技**，每年政府财政科技经费很大一部分用于基础研究和前沿技术开发，重视新兴技术的开发和产业培育。

特朗普政府上台以来实施"美国优先"战略，更偏重于激发市场活力和推动经济增长的科技创新。由于经费更多地投向国防、基础设施和社会安全等紧急事项，**科技研发这样难以短期见效的事项在预算支出安排上相对处于弱势**。财政科技投入结构更偏重于为短期经济带来效果的方向，而相对忽视基础性、公益性、难以短期见效的支出方向。同时，特朗普政府科技创新政策也以激发私人部门投资为重点，以弥补政府研发投入的下降，对产业科技创新的支持方式可能更多地关注基础设施等条件的改善，为改善美国产业发展基础、促进新兴产业发展创造空间。由于美国在科技创新领域经过长期积累形成的雄厚的优势和实力，**特朗普的科技创新政策在短期内对经济增长的影响未必会显著，但在长期内对经济增长动力的培育形成可能产生一定的负面影响**。

## 三 中国的科技创新政策及与美国的比较

与美国科技创新战略和政策的不确定性相比，中国的科技创新战略和政策明确而清晰，并按照既定的路线稳步发展。中国科技创新发展和科技体制改革都形成了系统部署，并且强力推进，创新型国家建设取得重大进展，**中国科技创新以跟踪为主，整体转向跟踪和并跑、领跑并存的新阶段**，为从科技大国向创新型国家和科技强国迈进奠定了重要基础。

**一是科技创新战略日益明确**。中国强调创新是引领发展的第一动力，把创新摆在五大新发展理念之首，把科技创新摆在发展全局的核心位置。**二是研发投入保持高速增长**。中国经济快速发展，科技投入不断增加，科技产出规模持续增长，推动了中国整体科技创新能力快速提升。2012—2018年，中国R&D经费规模年均增长9.4%，成为世界研发投入第二大国，研发投入强度已达到中等发达国家水平。**三是科技创新对支撑经济社会发展的作用更加突出**。《国家创新指数报告》显示，中国排名从2002年的第20位提升至第15位，进入以发达国家为主的世界创新第一集团。科技创新支撑经济社会发展的作用更加突出，在一些领域甚至起到了引领的作用。**四是适应创新驱动发展的体制机制和政策体系初步形成**。中国的科技体制改革任务按计划扎实推进，科技管理全链条从资源配置使用，到人才评价激励，再到创新生态营造的体制机制框架正在逐步形成和完善。

中国的科技创新取得积极进展，对于经济转型发展和培育新动能发挥了重要的推动作用，但是**与美国相比，中国科技创新仍然存在一定的差距，主要体现在发展阶段的差距上：一是研发投入仍存在较大差距**。中国研发经费投入强度2014年才首次突破2%，2018年达到2.19%。而美国从第二次世界大战以来就维持高强度的研发经费投入，近60年来维持在2%以上，多年都在2.5%以上。**二是中国产业核心技术和关键技术受制于人的局面仍未根本转变**，基础、底层核心技术主要掌握在发达国家，尤其是美国手中。**三是能够推动产业变革和颠覆性创新的重大原始性创新少**，对于产业技术路线重大变革仍以跟随为主。**四是从业人员中高素质人才比例较低**，高层次领军人才、高技能人才十分缺乏。激励创新的社会文化氛围不浓厚，市场激励创新的原动力作用发挥不够。

## 四 政策建议

当前，中国经济增长迫切需要发挥科技创新的支撑引领作用，推动经济社会发展走到创新驱动的轨道上来。在推动经济增长的结构性改革中应注重以下几个方面。

第一，**以科技创新进一步引领深化结构性改革**。中国推进供给侧结构性改革，正值经济长波周期下行阶段开始的技术扩散窗口期。建议在全面总结三年来供给侧结构性改革成就和经验的基础上，把握住这一窗口期机遇，紧密围绕科技创新和新技术经济范式发展不断丰富供给侧结构性改革的内涵，将改革重点及时转向培育经济新动能上来，加快发展数字经济，推动信息技术与实体经济深度融合。

第二，**为新动能成长创造空间环境**。从经济增长来看，新旧部门的成长和替代构成长波周期下行阶段经济增长的动力，也是引领经济增长周期的核心动力。培育新动能，应满足周期下行阶段应用新技术改造整个经济系统的要求。**一是加大新技术供给**。通过强化国家科技资源配置，加大重点产业薄弱环节的技术供给，提供有效的基础性技术保障。**二是着力打造新兴产业和业态，推动产业转型升级**。**三是扩大新服务**。转变传统政府服务模式，创新和优化服务方式，加强科技创新创业服务供给。

第三，**建设支持创新驱动发展的新基础设施**。适应科技支撑现代化经济体系对基础设施建设的新需求，围绕信息技术向传统部门扩散转移和经济系统全面创新改造的需要，适度超前部署，整合资源建设一批支撑高水平创新的基础设施和平台。**一是谋划布局数字基础设施**，强化数字技术与新材料、新工艺的结合，对传统基础设施进行改造升级。**二是加大新技术应用的替代型基础设施建设**，如充电站、分布式能源等新型基础设施建设。**三是加快完善信息基础设施**，着眼未来构建新型现代化通用基础设施，如布局建设统一开放的国家大数据中心体系，推进数据资源共享和电子政务重大工程建设，支撑智慧城市和移动智能社会发展。**四是加强重大科技基础设施建设**，为突破科学前沿、解决国家战略需求和国家安全重大科技问题提供物质技术基础。

第四，**加强全球协同创新治理**。面对世界经济进入周期下行阶段凸显的各类结构性矛盾，中国应加强全球协同创新与治理，与各国共同构建转型时代的全球经济治理和新型全球化秩序，降低大数据等新生产要素在全球流动的壁垒，加强全球供应链安全体系建设，增强供应链弹性和快速修复能力。协同推进新的技术进步范式，协同推动形成公正、合理、透明的国际治理规则体系，增强国内创新政策与国际竞争规则及主要国家间的制度协调性，促进开放包容、互惠互利的全球创新治理体系变革和模式创新，建立以合作共赢为核心的新型国际关系，力争为国内发展赢得更长战略机遇期和有利的外部环境。

（中国科学技术发展战略研究院研究员　丁明磊）

# 美国西太平洋地缘战略的调整及中国应对

**本文要点**：第二次世界大战结束后，美国在西太平洋的地缘战略经历了不同的演进阶段，但呈现出连贯一致的逻辑和倾向：美国在西太平洋天然具有"至关重要"的国家利益；西太平洋的边缘海，尤其是离岸岛屿具有异乎寻常的战略价值；美国在西太平洋地区安全秩序中的"主导地位"是其全球霸权的重要组成部分，绝不允许亚洲大陆强国挑战美国对上述区域的控制。以所谓"印太"战略的推出为标志，美国对西太平洋地区的地缘政治想象正处于一个延续与变形相交融的关键阶段，对美国区域政策乃至全球战略缔造发挥越发突出的影响。

美国西太平洋地缘战略的调整及中国应对

自 20 世纪初至今，美国决策与战略学界通过赋予西太平洋明确的政治—战略意义，形成**以"维持岛链""控制西太平洋边缘海"为主的地缘战略，对其亚太政策和军事战略产生了重要影响**。目前，随着国际政治经济形势的急剧演进，美国对西太平洋的地缘政治判断成为其亚太政策（甚至"印太"战略）的主要推动因素之一，对地区安全形势及中国国家安全构成突出的挑战。

## 一 美国西太平洋地缘战略的演变

美国对西太平洋的地缘政治战略，源自对该区域"关键"地理位置及由此衍生的"权势重要性"的认识。早在 19 世纪末、20 世纪初，战略学者**马汉便极力鼓吹太平洋尤其是西太平洋的地理位置、经济活动与商业价值对于美国的重要战略意义**。他主张，在美国"尽可能远地深入太平洋"的过程中，选择和保持海军基地应是首要的战略考虑，方法就是通过对自夏威夷至关岛的"海上领土之链"的牢固控制，以实现美国的海上优势。第二次世界大战前后美国著名地缘政治学家斯皮克曼亦认为，战后美国应在太平洋西岸获取更多的海军和空军基地，牢固控制亚欧大陆东端，防止大陆强国的崛起，进而实现美国在亚洲太平洋地区的军事霸权。

以此为依据，**冷战开始后，一系列位于西太平洋的岛屿开始被美国赋予了地缘政治意义**。这条自阿留申群岛、日本、冲绳、中国台湾到菲律宾群岛甚至继续延伸至马来亚和马六甲海峡的岛屿"链条"，为美国海、空力量在亚欧大陆边缘提供了港口和基地，成为美国在西太平洋的"战略边界"和"前沿防御半径"，甚至成为"自由的、民主的"西方遏制、防范和封锁"共产主义东方"的"海上锁链"，成为"抵制苏联扩张"的主要地理—战略仰仗。

**冷战结束后，美国维持岛链、控制西太平洋边缘海战略实质上并未发生大幅转型**。虽然缺乏直接敌手，但美国依然维持其在西太平洋的海上优势地位、在离岸岛屿的前沿军事存在作为其确保在亚太地区"首要地位"的基本战略方针。美国虽开始有限削减其在太平洋方向的前沿军事部署，强调以高度灵活、全球机动的武装部队以遏止或消除既定区域内未来可能出现的威胁，但其依然在西太平洋继续维持航母战斗群及空中、地面和两栖优势兵力，依然强调其西太平洋地区军事基地群尤其是驻日基地的极端重要性，依然坚持其以维系岛链和前沿军事存在为基轴的空间控制战略。

进入21世纪后，**美国以中国为假想敌，其以"岛链"为核心的亚太军事基地网络更是有了明确的存在理由**。美国不断渲染中国军事现代化"打破了地区安全平衡"，对美国亚太军事存在及其"主导地位"构成严重"威胁"。以美国"亚太再平衡"政策推出为标志，美国不仅继续强化其在"岛链"（尤其以关岛为重点）的军事部署，同时亦大力推进恢复在菲律宾的军事存在，加强在澳大利亚和新加坡的军事活动。美国还在外交上积极争取越南、缅甸、马来西亚、老挝乃至印度等国家，试图在传统的离岸"岛链"之外营造一个以中国为主要目标的扩大化的伙伴国网络。

## 二 当前美国西太平洋地缘战略的调整与趋向

特朗普就任美国总统后，在经贸、同盟、军控、军事、全球治理等诸多领域陆续作出重大政策调整，引发国际安全形势剧烈震荡。在同盟政策上，美国以"美国优先"为口号，指责其盟国"一向在系统地利用美国的'慷慨'和'开放'"，要求盟国分担更多防务费用，否则就将减少在海外的军事存在，甚至让盟国"自己保卫自己"。**美国试图在维持对同盟体系绝对主导、继续享**

有其战略益处的同时，削减自身的投入成本并极力向其盟国转嫁战略负担，对亚太"岛链"战略构成直接冲击。日本、韩国、菲律宾等国纷纷采取相应措施对冲特朗普政府的战略调整，美国亚太同盟体系内部一度出现动荡趋势。

然而，**坚持"岛屿防线""确保西太平洋不受亚欧大陆强国攻击"的逻辑依然主导着美国的战略实践**。尽管特朗普政府从"收益—成本"角度出发对美国的同盟体系与海外义务颇有微词，美国以同盟体系为网络，以"岛链"控制、维持海洋霸权为基轴的地缘战略远没有出现显著变更的征兆。针对中国军事现代化，特朗普政府反复强调将以加大武器装备购买、军队建设与训练、深化国际合作等多重手段加以应对，并重点发挥位于日本、韩国、关岛（以上三地为重点）及澳大利亚、新加坡、菲律宾和迪戈加西亚等军事基地的作用。

同时，**美国在规模和力度上急剧加大在西太平洋边缘海的军事活动，借此显示其对既定海域的"绝对主导"地位**。美国海军近年来对中国西沙群岛和南沙岛礁展开所谓"航行自由行动"的数量、频次大幅上升，海军舰只多次通过台湾海峡；空中军事力量无视认证查询，频繁进入中国东海防空识别区，对中国南沙岛礁实施飞越穿行；在中国周边海域不断举行各型各类联合军事演习，持续向中国展示军事存在和遂行抵近侦察，挑衅意味不断增强，极大推升了武装冲突风险，严重加剧了地区紧张局势。

此外，**美国还企图利用印度尼西亚、新加坡、马来西亚和文莱的港口设施，向中国的海洋通道施加海上和空中压力**。不仅如此，美国试图将"印太"战略与"岛链"战略相对接，进一步扩大其"同盟—伙伴关系"网络，特别是极力强化与印度、斯里兰卡、马尔代夫、孟加拉、越南、文莱、柬埔寨、蒙古国、尼泊尔、老挝等国的安全关系。当前美国的政策设计已成为一个类似冷战的、远超地区规模的宏大战略模式。当然，在多重因素的综合影响下，该战略的具体效果短期内可能相对有限。

## 三 "岛链"战略的实质、缺陷与我方应对

在作为全球性大国兴起和霸权确立的过程中，美国对西太平洋的地缘战略得以成型。尤其是太平洋战争结束以来，美国出于确立区域霸权目的，将以下逻辑作为其对亚太地区军事介入和前沿部署的所谓"理论基石"：第一，美国有关"位置"的自我定义——"美国是太平洋国家"，使其在西太平洋天然具有"至关重要"的国家利益；第二，西太平洋的边缘海，尤其是离岸岛屿（即所谓"岛链"）具有异乎寻常的战略价值，对于美国对西太平洋的控制至关重要；第三，美国在西太平洋地区安全秩序中的"主导地位"是其全球霸权的重要组成部分，绝不允许亚洲大陆强国挑战其对上述区域的主导性地位。

自第二次世界大战结束以来，**那种视太平洋为"美国湖"、控制西太平洋构成美国地区霸权基础的看法，已经上升成了一种长期主导美国地区政策的精神信条**。而保持在既定区域内的"统治能力"或"主导地位"，确保美国军事力量"自由地、不受挑战地、强有力地"展开行动，成为一代又一代美国政治、战略精英的固有观念，也是导致既定区域内冲突和摩擦频发的最主要根源。

**美国的战略设计直接加剧了西太平洋地区局势的总体紧张**。美国对地区事务的军事介入和前沿部署，正是区域内诸多主权争端问题长期得不到全面公正解决、部分国家合法权益主张长期被压制、区域安全形势长期维持紧张局面的主要根源。美国利用此类矛盾，为其远东军事存在提供必要性证明，为其在地区事务中扮演"制衡者"角色提供足够正义的理由。可以预料，在美国继续坚持其西太平洋地区地缘战略的情况下，地区安全形势紧张局面还将总体持续，甚至在特定时段有可能激化；区域内国家间的

主权和海洋权益争端，在可预见的时间内仍无法得到公正、合理的解决。

**美国"岛链"战略最大的缺陷，就是严重忽视了当地国家民族的独特性质及其可能的演进发展。**"岛链"上的诸多国家和地区，存在自身的政治—战略考量，不会永久甘于充当霸权国家的政策工具和美国的"地缘政治棋子"。在美国战略投入相对收缩、中国和平外交政策不懈努力下，近十年来日本、菲律宾等国家的对外政策均出现了令人鼓舞的变化。而特朗普政府放弃奥巴马时期主要借助外交等所谓"巧实力"支持当地国家挑战中国的政策路径，转而选择亲自展示军事存在和海上力量优势，这一变化本身就是其"岛链"战略乃至亚太同盟政策面临潜在危机的明证。从这一点看，"岛链"战略的战术功能仍会延续，但其战略功能正处于逐步弱化当中。

在此局面下，为更好地营造国家安全环境，更好地实现稳定周边、经略周边的目标，中国应该妥善应对：**一是开展积极的舆论斗争**，充分揭露美国的地缘战略对地区安全形势的破坏性作用；**二是继续鼓励东盟在地区事务中发挥更大作用**，争取其对中国的理解和支持，瓦解美国的分化企图；**三是积极争取西太平洋海域国家的理解**，坚持经济、文化等领域的交流合作，不断提升其对中国的战略依存度；**四是继续以和平、合作方式推动地区国家间争端的大体缓和乃至最终解决**，减少美国介入地区事务的借口；**五是以逐步消解美国亚太同盟体系为目标**，尝试推动包括美国在内的亚太地区安全集体对话机制建设。

（国防科技大学国际关系学院副教授　葛汉文）

# 中美金融竞争的审慎性差别管控策略

**本文要点**：中美金融关系主要存在四个维度：国际货币体系、双边金融交往、国际金融制度和国际金融（经济）观念。中美金融竞争管控可从这四个维度着手，具体而言：延缓人民币与美元的战略性对抗，强化其基于市场选择和货币功能的互补与合作；谨慎处理中国对美国的债权地位，既不能因对美金融市场的过度依赖而受其裹挟，也不能以抛售美债为武器发起主动攻击；全面且深入地接纳和融入全球金融治理体系，先成为局中人，再谋求改革；规避中美经济模式之争，用"中国方案"更好地助力国际问题的解决。

在国际格局调整的背景下，中美金融竞争的态势渐强。由于金融较贸易对经济更为核心的作用，**中美金融摩擦升级对国内和国际体系的负面影响，将远甚于中美经贸摩擦**。中美金融竞争管控可从如下四个方面入手，采用一种审慎性的差别策略。

## 一 延缓人民币与美元的战略性博弈

大国货币的国际权力属性决定了主要货币间关系的竞争性与对抗性。由于国际货币权力主要来源于本国货币在国际货币体系中的地位，货币国际化便成为获取国际货币权力的必经之路，这解释了为什么历史上的崛起国都会采取货币国际化的战略，且都会遭遇货币霸权国的极力阻挠和遏制，一个经典的例子是20世纪80年代美国对日元的打压。随着中国的发展，**美元与人民币的竞争不可避免，对抗趋势渐强**。

虽然美国主导的国际货币体系一直以来都未曾为中国的发展提供有利的国际金融环境，但是美元和人民币战略竞争的加剧，将更加恶化中国发展的国际金融环境。因此，管理美元和人民币竞争可能带来的危机，为中国经济持续发展争取更长时间的有利外部环境，需要延缓美元和人民币的战略性竞争与对抗，强化其基于市场选择和货币功能的互补与合作。**当前人民币与美元的竞争在很小的程度上是功能性的，在更大的程度上是战略性的**。通过市场化的手段提升人民币作为国际货币的功能性地位，可能在短期并不会遭遇美国等主要国家的阻击，而在国际权力结构调整和国际秩序变革的背景下，任何反映人民币与美元在战略层面存在国际货币权力竞争的话语、政策和行为，将加剧美元和人民币的对抗。

## 二 "美债陷阱"与审慎策略

在中美债务关系上,中国通过减持美债和逐渐去美元化的策略逐渐摆脱可能的"美债陷阱",但同时,基于以下几方面的原因,将美债武器化的观点和做法并不可取。

首先,**使用美债武器须审慎把握**。若要将美债变成中国威慑或打击美国的武器,中国必须在短时间内大规模抛售美债,这一操作将直接导致美债价格的大幅下跌,中国持有的美债将因此蒙受较大损失。同时,抛售美债会诱发美元贬值,人民币相对升值将给中国的出口行业带来压力。此外,在当前美元主导的国际货币体系下,大量抛售美债,失去美国金融市场,中国的外汇储备将面临巨大的保值和增值的压力。即使美债武器真能对美国的金融体系带来破坏性影响,这种影响将通过美元和美国在国际金融体系中的特殊地位而迅速传导到全球,中国发展的国际经济环境将进一步恶化。

其次,**美债武器破坏力有限,不足以实现中国威慑或制约美国的目标**。虽然中国持有美债的绝对数量较大,但事实上美国外债占其总体债务的比重才近30%,中国持有美债占外国持有美债总量才约16%,占美国总债务才约5%(截至2019年年末)。中国抛售的美债很可能被活跃的美国国债市场所吸纳。另一种可能性是中国与其他美债持有国合作,同时抛售美债,通过增加抛售美债的规模提升美债武器的破坏力。然而,外国持有美债的情况呈现出中国和日本两足鼎力的局面,以2019年11月美国财政部公布的数据为例,在持有美债规模前10位的经济体中,日本和中国排前两位,其所持有的规模是其他排后八位经济体所持有的数量之和,且在这些经济体中,**日本、英国和其他欧洲国家与中国合作抛售美债的可能性很小**。

再次，**使用美债武器很大可能会引发美国金融报复，甚至诱发超越金融领域的更大规模中美对抗**。中国大量抛售美债的行为会在政治上传递出了一种敌对情绪，可能诱发美国针对中国的金融制裁。美国可对中国进行金融制裁的具体领域和手段主要包括：冻结或没收中国个人、组织或政府在美国的资产，通过控制"环球银行间金融电讯协会"（SWIFT）系统和"纽约清算所银行同业支付系统"（CHIPS）切断中国的国际支付清算通道，限制或禁止美国金融机构与中国银行的业务往来等。虽然中国金融和经济呈现出"去美元化"的趋势，其独立性和抗风险能力加强，但是，中国仍需要更多的时间和良好的国际环境，推动这些措施的深化。

最后，**使用美债武器不符合中国负责任大国的国际定位以及构建人类命运共同体的长远目标**。无论是出于自我保护还是利益拓展，美债武器的使用都将使国际金融体系陷入动荡。当前自由主义国际秩序本就处于调整期，国际金融体系的动荡将加剧国际秩序的不稳定，使更多的国家、组织和个人利益受损，这不符合中国构建人类命运共同体的初衷，有损中国的国际地位和国际形象，不利于中国培育和提升基于道义及责任的国际话语权。管控中美双边债务关系可能出现的危机，要谨慎处理中国对美国的债权地位，既不能因为对美金融市场的过度依赖而受其裹挟，也不能以抛售美债为武器发起主动的攻击。一个合理的选择是渐进有序地减持，但依然维持一定数量的美债。

## 三 深度融入全球金融治理体系及对策

管控全球金融治理体系中的中美竞争，维护全球金融治理体系的稳定，既需要正确处理好与现有国际金融机构和规则的关系，也需要正确认识和运用创建新制度的策略。

首先，**坐视美国主导的国际金融机构陷入危机并不是正确的**

**选择，应积极防止全球化危机向金融领域蔓延**。尤其是在特朗普政府大肆推行逆全球化政策，全球治理很多领域的多边国际制度都面临挑战的背景下，维系全球金融治理的多边国际制度，通过渐进式的变革推动其去欧洲中心化和去美国中心化，并更加客观地反映国际政治经济结构的变化和全球金融发展的客观需求，才真正有利于国际金融体系的稳定。

其次，**排斥西方主导建立的国际金融规则更加错误，提升中国国际规则设定和创新的能力更为重要**。现有国际金融规则几乎全是欧美国家或其主导的国际机构建立的，这些规则自然主要体现欧美国家对于金融监管的认知和需求，但这绝不是中国排斥现行国际金融规则的理由。一方面，欧美金融体系是当前国际金融体系的最重要构成部分，排斥这些国际金融规则将使中国金融体系在融入国际金融体系的过程中遇到更多阻力。因此，学习、接受和执行这些规则是中国融入国际体系的大势所趋。另一方面，这种接受不是不加甄别的全盘接受，因为针对欧美金融体系所设计的金融规则必然没有考虑和反映中国的具体国情。国际金融规则的本地化，甚至基于现有国际金融规则进行改良和创新，并向国际社会提出"中国方案"，才是中国面对国际规则的正确方式。

再次，**应全面且深入地接纳和融入全球金融治理体系，先成为局中人，再谋求改革**。2008年国际金融危机以来，在推动全球金融治理体系改革的努力中，中国积极呼吁改革现有不合理的制度。全面且深入地接纳和融入全球金融治理体系，先成为现行体系的"局中人"，再谋求改变其不合理之处，能有效推动金融治理体系改革使其更多反映中国和新兴国家需求。这至少需要中国提升两种融入国际社会的能力：一是学习和应用现行国际金融规则，并进行本地化创新的能力，二是向国际社会表达需求，传播"中国方案"，培育中国国际话语权的国际议程设置能力。这些能力是国家治理能力现代化的重要内容，是中国外交能力和技巧的体现，是推动中国金融和经济持续发展的保障,更是提升中国国际地位,实现中国全面崛起的重要手段。

最后,**规避模式之争**。模式竞争往往是非此即彼的选择,带有较强的经济意识形态色彩和战略意图。当前西方新自由主义的经济意识形态和美国主导的国际秩序陷入危机,这便是其在国内和国际社会强调标准化的新自由主义模式的后果。值此危急之时,**中国需要用自身的经验和智慧维护国际秩序的稳定**,而"中国方案"更好地表达了中国用自身经验和智慧助力国际问题的解决,但又并不强调中国经验的唯一性和标准化。

(南开大学周恩来政府管理学院副教授　张发林)

# 新冠肺炎疫情下的政治思潮

**本文要点**：持续弥散的全球疫情不仅对人们的身心健康、经济收入和生活方式造成了明显影响，还使得国际社会的舆论导向和思想潮流出现了一些较为明显的变化，各类政治思潮相互激荡，推动公众重新反思全球化和逆全球化、个人与国家、政府与市场间关系等议题。长期作为西方主流政策范式的自由主义思潮正在遭受重大冲击，而其在思想领域留出的空白则很快被保守主义、民族主义和国家主义等其他思潮所占据。疫情在全球范围内的持续蔓延使国际合作陷入失序甚至被部分国家搁置，这不仅进一步激化了右翼民粹主义思潮，还触发了新一轮的社会保守主义思潮。

## 一 逆全球化阴影下的自由主义

20世纪，自由主义逐步从一种英美地方性意识形态演变为世界范围的主导性思想。而随着经济全球化的加速发展，自由主义作为支撑经济全球化和政治民主化的观念体系，在国家和国际两个层面的治理逻辑也出现了新的动向。在国家治理层面，自由主义仍然在欧美国家占据思想界的主导地位；在全球治理层面，自由主义国际秩序遭遇逆全球化挑战，区域和全球合作进展缓慢。

全球化和逆全球化之间的矛盾在新冠肺炎疫情暴发之前就已激化，而至今仍未得到有效控制的疫情不仅暴露了大部分发达经济体的国家治理体系和能力存在缺陷，还凸显了全球公共卫生治理合作的缺失和治理机制存在的不足。

一方面，尽管部分欧美国家在疫情期间使用纾困工具直接向民众发放补助，反映出政府对社会基本公正的关注，但**抗疫政策的摇摆不定暴露了它们的治理体系和能力在应对突发公共卫生事件上的内在缺陷**。政府对不同层面利益的权衡超过了对民众健康的关切，最终导致在控制疫情和开放经济之间犹豫不决，造成疫情失控并拖累经济复苏。

另一方面，**疫情助推逆全球化思潮发展，对自由国际秩序产生了负面影响**。逆全球化的鼓吹者认为经济全球化加剧了全球收入不平等，大部分人不仅没有享受到全球化带来的好处，反而因病毒、污染和恐怖主义的跨国传播而变得更糟，新冠肺炎疫情正好为这一观点提供了鲜活的素材。商品和人员的跨国流动在疫情期间受阻，客观推动了全球产业链的重组，甚至"脱钩"。

整体而言，**自由主义思潮在当前仍然重视一国国内政治经济自由化，但在推进全球化进程上已渐显疲态**。随着主要西方国家和国际组织向发展中国家输出自由主义价值观力度减弱，以及大多数发展中国家已逐渐清醒地认识到自由主义的缺陷，发展中国家进行市场化改革的内外部压力较过去有所降低。这是发展中国家探索符合自身国情的发展道路的机遇所在。在此背景下，如何在坚定自身发展道路的基础上提出一套更具包容性的全球治理新理念，不仅是中国国家治理体系和治理能力现代化的基本方向，更是世界政治发展的关键议题。

## 二 与民族主义交织的保守主义

保守主义思潮在全球范围内的发展带有明显的区域和国别特征，但其所带来的影响并非仅局限于各个国家或地区内部，而是外溢至全球，并彼此影响，这种共振对国际环境和局势所造成的影响不容小视。近年来，在民族主义情绪上升的背景下，全球政治生态的保守化倾向越发明晰：特朗普政府强调保护主义以及美国优先；欧洲难民危机催生社会保守心态，助推英国脱欧；再加各种民族主义思潮在各自区域内获得越来越大的社会影响力，国际社会被推向进一步保守化的方向。

疫情并非保守主义思潮在全球范围内回潮的根源，但却加剧了部分国家政策的保守化趋势，为保守主义和民族主义走向极端创造了空间。第一，**疫情造成全球供应链、产业链和价值链断裂，客观上促进了经济民族主义发展**。疫情后，战略自主性将可能成为重组供应链的首要考量。尽管全球化进程不会停止，但全球商业、金融和治理秩序无法回归原有轨道。从长远来看，越来越多的跨国公司可能会选择支付高昂成本来重构其供应链的弹性和安全性，使供应链变得更短，更接近最终市场，从而降低对外部的依赖。第二，**族群问题在疫情期间恶化**。欧美国家的一些政府官员持续利用疫情进行"污名化"攻击和政治化解读，实则是对中国"甩锅"，试图用种族主义话语来遮盖自身的政治意图。同时，与其说"弗洛伊德事件"显示了美国政府在处理族群问题上的缺陷,不如说特朗普执政以来保守主义的发展加剧了民族矛盾,对本就紧张的族群关系造成了额外压力。第三,**疫情暴露了欧盟内部的结构性问题,为保守主义的深入发展提供了空间**。新冠肺炎疫情暴发初期,欧盟成员国各自为战,政策协调程度远低于外界预期,凸显了欧盟在应对集体危机上的权威缺失。尽管之后欧盟达成了复苏基金等一揽子经济振兴计划,但在疫情初期埋下的保守思潮的种子不会轻易消失,疑欧主义和民粹主义将在未来较长一段时期内持续影响欧洲团结和稳定。

值得注意的是,在民主选举体制下,民族主义作为一种能够简单高效凝聚共识的动员工具,可以与绝大多数意识形态相结合,并在话语构建中始终占据有利的位置。然而,若缺乏"政治正确"等进步价值的钳制,民族主义话语将可能滑向自身的阴暗面,唤醒种族主义等被视为禁忌的极端思想,将社会重新带回种族冲突的黑暗时代。而保守主义对"政治正确"的攻击正好替民族主义解下了进步精神的枷锁,将右翼民粹主义推向极端。总之,在当前的逆全球化浪潮中,保守主义和民族主义相互纠缠呼应,并很有可能走向极端。

## 三 后疫情时代世界政治思潮的发展趋势

近年来,各类思潮相互激荡的速度和烈度有所上升。新冠肺炎疫情加速了国际力量格局演变,为重新思考个人、社群和国家之间的关系提供了机会。各国风格迥异的抗疫模式凸显了各国内部不同观点的交锋以及国家之间的意识形态差异。总的来看,新冠肺炎疫情下的政治思潮具有如下特征。

首先,**逆全球化挑战日益加大,全球化和区域化面临调整**。全球化是一个兼具正、负面效益的进程,全球化的负面作用催生了全球治理。疫情凸显了全球化可能造成的问题以及当前全球治理存在的明显赤字。全球抗疫进程缺乏有效沟通与协作，国际组织治理能力缺位。这些现象在为逆全球化的发展提供空间的同时，挤压了占主导地位的自由主义的话语空间。逆全球化浪潮下，全球经济在一定程度上"脱钩"的可能性上升，而经济民族主义将经济问题安全化，进而造成的意识形态"脱钩"则更需警惕。

其次，**在民族主义的助推下，思潮发展出现极端化势头**。在之前的很长一段时期内，保守主义是以维护自由和秩序为核心目标的，自由主义与保守主义之间并非剑拔弩张的对立关系。但保守主义在与民族主义结合的过程中被逐渐极端化，原属于保守主义的审慎主张受到排挤。同时，民族主义也通过利用选举制度设计，迫使自由主义弱化或放弃进步理念，并逐步掏空自由的内核，使民主民粹化。疫情期间美欧国家出现的反权威、反科学、反精英现象同样是思潮走向极端的表现。思潮的极端化放大了不同意识形态之间的差异，进而压缩了理性对话的空间，进一步增加国际合作的阻力。

最后，**不同抗疫模式凸显意识形态差异，催生对国家、社会和公民关系的新思考**。不同国家在抗击疫情时采取不同方式的意识形态基础在于如何理解个人与共同体之间的关系。坚持个人权利优先的自由主义很难接受国家和政府采取的长期强制性禁令，是造成部分国家疫情不断扩散反复的重要原因；而强调社群共善和公共利益的观念对公共权威则更为包容，东亚儒家文化圈的疫情控制相对较好就是例证。随着世界经济重心正在由西向东转移，思潮发展向东看的势头也已显现，因而也就不难理解美欧为何将意识形态领域视为大国博弈的重要范畴。

世界主要思潮的此消彼长说明，"文明冲突"的幽灵从未远离，丹尼尔·贝尔断言的"意识形态的终结"已出现逆转，而福山的"历史终结"则遥遥无期。在自由主义影响力下降、保守主义极端化的情况下，思潮越来越显现出区域性特色，全球主义的美好愿景似乎与我们越来越远。在此背景下，习近平总书记提出构建人类命运共同体，为超越意识形态对立、破解全球四大赤字贡献了中国智慧和中国方案。世界历史发展将往何处去暂且未知，但抗疫进展或许已经揭开了答案的冰山一角。

（中国社会科学院世界经济与政治研究所助理研究员　田旭）

# 拜登的世界经济观与美国对华经贸政策

**本文要点**：就美国新任总统拜登的世界经济观而言，他在总体上认为全球化时代美国的内外政策不再有明显的界限，技术进步和自由贸易带来的社会混乱焦虑和经济贫富分化已成为美国继续主导世界的重大国内障碍。虽然民粹主义和民族主义可能减缓全球化发展，但是无法阻挡这一世界大势。因此，拜登秉持的世界经济观是一种"修正主义全球化"：一面坚持自由国际主义大方向，一面整合并加强特朗普主义中符合美国中产阶级利益的部分，特别是以"美国制造"为核心的经济政策。中国须认清其世界经济观与国际经济政策所带有的两面性，为寻求扩大合作、管控恶性竞争提供思路和方案。

## 一 拜登的世界经济观:"拯救美国中产阶级"

美国新任总统拜登(在美国国内一般被称为乔·拜登)在华盛顿常被人称为"中产阶级乔",他认为这并不是对他的称赞,但他却引以为傲。在拜登的整个政治生涯里,他一直强调自己出身工人阶层,代表美国的中产阶级,美国的民主体制和强大国力都离不开庞大、健康和不断增长的中产阶级。

但是,**拜登认为美国已经走到了一个不进则退的"拐点"**。近年来美国中产阶级受到严重削弱,美国社会贫富分化、阶层固化,福利体系无力应对经济危机的冲击,年轻世代饱受债务和工作机会减少的打击。**如果放任美国中产阶级衰落下去,美国就会变成一个"碎裂的国度",不仅美国的中长期经济前景将会非常暗淡,美国的政治稳定和民主制度都将受到巨大的挑战。**

因此,**拜登认为,要恢复美国的全球领导力就必须重建美国经济,重建美国经济的关键就是"拯救"美国的中产阶级**,包括让"中产阶级"本身具有更大的包容性。拜登既不认同特朗普的"美国第一"右翼民粹主义,也不认可民主党人桑德斯为代表的左翼民粹主义,因为**他仍坚信美国的民主价值观和市场资本主义是最好的选择,虽然在现实中需要加以改进,但不需要激进的、革命性的颠覆。**

可以说,**拜登是"美国例外论"的坚定信奉者,这正是他与特朗普主义者的根本区别。**他认为美国的核心优势是能给任何人提供发展"机会",对"美国梦"的追求会产生无数的"可能性",所以他始终对美国克服眼前的困难保持乐观。但拜登也不得不承认,自罗斯福新政以来,美国中产阶级曾经笃信的"社会契约"已经遭到破坏,努力工作不一定能换来更好的生活和更好的社会地位。

**在拜登看来，美国中产阶级衰落的原因很复杂，不能只看到全球化、自动化和数字化的负面效应，还要看到美国税收体系、福利制度的内在问题**。换言之，美国在第四次工业革命和全球经济变革过程中，国内政治决策出了问题，过度偏向资本的持有者和权力精英阶层。**拜登认为，美国的出路不是特朗普式的反全球化，这与前几次工业革命中的反对者一样于事无补，关键在于政府要推出政策，使工人工资重新匹配不断增长的劳动生产率**。

拜登经济政策的主要内容即是为此目的服务的，其中包括改革税法如增加高收入人群和公司的税率，改革医疗和社会保险体系，改革高等教育如大学免费、减免学生贷款，投资基础设施，减缓气候变化，保障工人权益，保护妇女和少数族裔权益，反对垄断，改革政治献金制度。在疫情期间，拜登还特别提出两条建议：一是将美国联邦医疗保险适龄线从65岁降到60岁，二是免除上过公立大学的中低收入者的学生贷款。

总之，**在拜登眼中，所谓"中产阶级"不仅仅是具体的家庭收入，而是一整套美国价值观和生活方式，其核心思想非常接近罗斯福的"四大自由"**。在这一点上，拜登和美国贸易代表莱特希泽的看法是一致的，即美国中产阶级的工作与收入带来的是社会凝聚力和"尊严"，而**保护美国中产阶级的关键在于保证能够带来中产阶级收入的工作**。

## 二 拜登的经济政策："美国制造"是核心

拜登认为特朗普的"买美国货、雇美国人"口号没错，但特朗普政府推出的政策说明，特朗普只是在说空话。其政策非但没有结束美国的制造业外流，还为主导外包的跨国公司提供了税收漏洞。美国工人和农民并未从特朗普的贸易战中获得好处，反而因此丧失了工作和市场，无辜承担了更大的关税负担。**为扭转局**

面，真正推进制造业回流美国，拜登准备在特朗普相关总统令的基础上实施一套两步走的"工业政策"，以增加至少500万个制造业岗位。

**第一步，拜登要通过修改国内税收政策遏制向海外输出工作。新税收政策包括两部分：一是建立对外包的税收惩罚，并关闭特朗普政府的外包税收漏洞；二是完善对"美国制造"的税收优惠。**拜登将向在海外生产而后转回美国国内销售的美国公司的获利征收额外的10%"外包惩罚税"，这不仅包括制造行业，也包括服务业的外包。拜登还准备实施严格的反"税负倒置"政策，否决任何外包公司的税务减免或支出注销。拜登承诺对在美国投资创造就业的公司给予10%的"美国制造"税收优惠，对美国跨国公司的所有海外盈利则征收21%的税。

**第二步，拜登要通过加强政府购买政策支持美国本土供应链。**拜登明确表示要用足美国《国防生产法》和《联邦财产和行政服务法》给总统的授权，**以总统行政命令的方式强化联邦政府的"买美国货"规定，并保证关键产品如医疗物资的生产在美国国内完成。**在联邦资助的基础设施上要用美国生产的钢、铝，严格审查产品的美国成分比例，防止外国进口品伪装成美国制品。拜登还要求在白宫预算局内成立"美国制造"办公室，专门制定政府购买政策并监督其实施。其中包括投资4000亿美元确保政府购买的产品本土化生产，投资3000亿美元增强美国研发能力和未来科技如5G、人工智能等。

此外，**突出气候变化议题是拜登推进"美国制造"的重要组成部分。**拜登认为气候变化对美国和世界构成"生存威胁"，他虽然没有采纳民主党左翼的"绿色新政"，但同意将其作为未来执政的气候变化政策框架。对外，拜登将带领美国重新加入巴黎协议，**并要求中国和其他排放大国提高减排承诺；对内，拜登要利用"清洁能源革命"重塑美国经济，重振美国制造业及相关就业。**具体政策包括，通过取消特朗普减税增加的政府收入，加大对美国清洁能源投资，计划10年内政府和民间总投资5万亿美元。在1.3万亿美元基础设施投资中侧重减少气候变化，于2050年达到美国碳中和目标。"轻碳"将成为美国在国际贸易和投资中提高对美国内产业保护的新借口。

## 三 对华经贸竞争战略：以"自我强化"为主轴

拜登和民主党的世界经济观植根于其对美国的自我认识。拜登的政治生涯中一直对全球化持支持态度，并不认为在与亚洲、欧洲的经济交往中，美国吃了大亏，更不认为美国的创新力会输给中国。拜登坚称，当前美国的问题出在内部，出在自身分裂的政治和错误的政策上。**拜登及其核心决策层均认为，美国在对华竞争中要想占上风，关键在于改变自我，重振美国中产阶级，把重点放在国内基建、教育、医疗和能源与科技革命上。**同时，拜登的世界经济观中**特别强调民主价值观，把团结意识形态和制度近似的国家、鼓动所谓的"集权国家"人民追求民主作为重要的经济外交目标。**

第一，基于"美国制造"的政治承诺，拜登将延续特朗普留下的对华加征关税，作为促进部分工业回流美国的推动力。虽然美国大量企业对关税不满，并在竞选中支持拜登，且拜登本人也反对以关税手段解决中美经贸摩擦，但面对美国强大的保护主义政治需求，以及为在中美经贸谈判中保留筹码，拜登不会立即撤销加征的关税，至少在名义上将保留这些关税一段时间。**拜登称在强化美国自身实力前，不再谈判新的贸易协定，而是要确保现有协定对美国工人是公平的。**

第二，拜登将把对华经贸政策矛头指向世界贸易组织和其他国际多边贸易机构的规则斗争。拜登认为特朗普政府的最大失败就是放弃美国的国际领导权,对华采取单边行动,而非团结盟国寻求共同施压。因此,一方面拜登将继续特朗普政府开启的中美双边经贸谈判,在第一阶段协议的基础上要求扩大谈判的范围,更重要的一方面则是协调主要盟友在知识产权、国有企业、补贴、劳工和环保标准、科技等方面形成对华共同立场。

第三,拜登将把特朗普时期的"反共"话语转化为"反腐败"话语。拜登团队已多次强调无意对华搞全面"脱钩"或者"新冷战",而是在对华竞争中保持特定领域的合作,促使中国按照西方的国际规则行事。但民主党人已经找到了一套新的对华遏压话语,将中俄等国的外交称为"武器化的腐败",不仅腐蚀美欧发达国家的民主,还削弱、压制发展中国家的民主。拜登政府可能以"反腐败"为名,攻击中国对美投资和经贸活动,质疑"一带一路"投资和建设,使用金融反恐手段监视国际资金流动,并使用国内法进行跨国长臂管辖。

总的来看,拜登既要部分恢复奥巴马时代的自由主义全球化,又要照顾到影响巨大的特朗普主义,他需要走出第三条道路,直面美国中产阶级萎缩的问题,平衡全球化给美国带来的正负面效应。但就当前美国的现实而言,给他留下的国内政治、货币和财政政策、国际空间都很有限,对拜登的执政艺术是极大的考验。

(中国社会科学院世界经济与政治研究所助理研究员、
　国家全球战略智库国际政治研究部主任　赵海)